Ma'ib-i Ghadr

Edwards, William, d. 1890

مصائب غدر

یعنے

جناب ولیم اڈوارڈس صاحب بہادر جج صدر دیوانی و نظامت عدالت

نے

جو اپنی سرگذشت ایام مجسٹریٹی ضلع بداون و غدر و بلوے سنہ ۱۸۵۷ع

بطور روزنامچہ زبان انگریزی مین چھپوائی ہی

اوسیکا یہ ترجمہ بپاس خاطر بابو شیو پرساد صاحب

مولوی نذیر احمد نے کیا

مطبع منشی نولکشور مین بمقام لکھنؤ چھاپا گیا

بار دوم ماہ جولائی سنہ ۱۸۸۵ع

روزنامچۂ مصائب غدر

مقام کسورد مین (جو دریاے رام گنگا کے بائین کنارے پر فتح گڈھ سے تخمیناً
بارہ میل دور گوشۂ شمال و مشرق مین واقع ہی) ۲۷- جولائی ۱۸۵۷ء

ابتداے یکم جون سے آج یہ پہلا وقت ہی کہ لکھنے کا سامان مجکو میسر ہوا اسلیے اُس روز مصیبت یعنی یکم جون سے جب خدا کی یہ مرضی ہوئی کہ مین آوارہ اور مفرور ہون جو حوادث مجھپر واقع ہوے اُنکا بیان جہان تک یادداشت سے صحیح صحیح مل سکتا ہو خوب یاد کرکے قلم بند کرتا ہون- پہلے بطور تمہید مجکو یہ بیان کرنا چاہیے کہ میرٹھ کے فساد اور خونریزی کے کچھ ہی پیچھے اور مجکو یاد پڑتا ہی کہ ۱۹- مئی کے قریب قریب ضلع بداؤن علاقہ تحصیل کھنڈ مین جہان کا مین مجسٹریٹ اور کلکٹر تھا بےانتظامی کا مواد ظاہر ہونا شروع ہوا- یہ وبا گنگا کے داہنے کنارے کے نواحی سے پھیلی جو اُسوقت کھلم کھلا بغاوت مین تھے لٹیرون کے گروہ ایسے نکل کھڑے ہوے کہ گویا جادو کے زور سے پھیل گئے ہین اور سڑکون پر مارا ماری کرنا اور دیہات کو جلانا اور لوٹنا شروع کر دیا- مجکو اپنی بیوی اور بچے کی حفاظت کا خوف ہوا اور اُنکو ایک جاے محفوظ یعنی نینی تال پر روانہ کر دیا اور وہان بے لوگ امن سے پہونچ گئے لیکن کچھ بہت پہلے روانہ نہین ہوے کیونکہ بریلی مین ایسے وقت ہو کر نکلے جب کہ تمام یورپین اور بچے اُس مقام کو چھوڑ کر چلے جا چکے تھے

اور ٹھیک اُسدن کے ایک ہفتے بعد وہان بلوا اور خونریزی واقع ہوئی کھلبلی کے شروع ہوتے ہی مین نے اپنے ضلع مین جماعت پولس کو کیا سوار کیا پیادے اپنی ذمہ داری پر روونا کردیا لیکن باوجودیکہ مین ابقاے امن کی کوششین کرتا تھا بدانتظامی روز بروز زیادہ ہوتی جاتی تھی۔ گنگا پار ٹھیک بدایون کے محاذی ضلع ایٹہ مین پرلے درجے کی بے بندوبستی تھی آگرہ اور کلکتہ اور جنوب سے ہماری خط وکتابت بالکل منقطع ہوگئی تھی ڈاک والے شوارع عظیمہ پر ڈاک نہین لیجا سکتے تھے ضلع مرادآباد مین جو شمال کی طرف بدایون سے ملحق ہی رجمنٹ کے سپاہیون نے جیل خانہ توڑ ڈالا اور قیدیون کا جم غفیر رہا کردیا مجکو اس واقعے کی اطلاع کیمپبل صاحب جنٹ مجسٹریٹ کی مختصر چٹھی سے ہوئی۔ اُنھون نے مجکو لکھا کہ اپنی خبرداری کرتے رہیے گا کیونکہ قیدیان رہا شدہ مین وہ مشہور بدذات نجو خان بھی ہی۔

اس نجو خان نے کورٹ صاحب جنٹ مجسٹریٹ بدایون کے مار ڈالنے کا ارادہ کیا تھا اور قریب تھا کہ وہ اپنے ارادے مین کامیاب ہو کیونکہ اُسنے صاحب کے ایسا زخم لگایا تھا کہ اُس سے صاحب کے ہاتھ کی دو اُنگلیان کٹ گئی تھین ایسے جرم کی پاداش مین نجو خان کو مادام الحیات کالے پانی کا حکم ہوچکا تھا دو برس تک تو وہ پولیس والون کے ہاتھ نہ لگا آخر کو مین نے اُس بدذات کو پکڑ پایا اور اُسکو سزا دلوائی اسی سبب سے وہ مجھ سے بہت ہی جلا ہوا تھا اور جیسا کہ کیمپبل صاحب نے مجکو لکھا فی الحقیقت وہ مجھے قتل کرنے کی نیت سے فوراً بدایون کی طرف چل کھڑا ہوا یہ خبر گو مجکو پہلے سے معلوم ہوگئی لیکن کیا حاصل کیونکہ مین ایسے وقت مین

اُسکے دفعیے کا کچھ بھی بندوبست نہین کرسکتا تھا ضلع کی حکومت پر تخمیناً گیارہ
لاکھ خودسر لوگون مین اکیلا مین ایک انگریز افسر تھا بالکل بندوبست اور جوابدہی
میرے ذمے تھی صرف ایک مسلمان ڈپٹی کلکٹر میرا نائب تھا وہ اسی مہینے کے
شروع مین یہان آیا اور ہنوز مین نے کوئی کام بھی اُسکو سپرد نہین کیا تھا سب جگہ
سے زیادہ قریب بریلی مین چند انگریز تھے سو بھی بدایون سے تخمیناً ۳۰ میل دور
پیر کے دن مئی کی پچیسوین تاریخ مجکو تحقیق خبر ملی کہ شہر بدایون کے مسلمان جو
بتقریب نماز عید آج جمع ہوے ہین دن ڈھلے ہنگامہ برپا کرنے والے ہین اور
اسکا انجام غالباً یہ ہوگا کہ شہر لوٹا اور تباہ کیا جائے جتنے رئیس اور مقتدر مسلمان
اُس شہر مین رہتے تھے مین نے جھٹ پٹ اُنکو اپنے بنگلے پر ملاقات کے لیے
بُلوایا وے لوگ فوراً چلے آئے اُنمین سے اکثر تو بہت درشت اور گستاخ اور
سب کے سب نہایت برافروختہ حالت مین تھے جب یہ لوگ بیٹھے اور مین نے
اُنسے بات کرنی شروع کی مین نے وزیر سنگھ اپنے اردلی کے ایک سکھ چپراسی کو
دیکھا کہ میرا پنج نالی طمنچہ کمر مین لگائے اور میری بندوق ہاتھ مین لیے چپکے سے
میرے پیچھے آیا اور میری کرسی سے لگ کر کھڑا ہو گیا غل غپاڑے اور شور و
غوغا مین جہان تمام لوگ مسلح تھے اسکے آنے کی طرف مین نے کچھ خیال نہ کیا
لیکن اُسکے قیافہ متانت و استقلال آمیز سے مجکو معاً اس امر کا یقین ہوا کہ یہ
آدمی مشکل پڑے پر ساتھ دینے والا ہے یہ وزیر سنگھ جسکی آزمودہ وفاداری
اور دلیری اور جان نثاری سے مین اسکو ایسا سمجھتا ہون جیسا پال نے اُونیسمس سے
کہا تھا کہ اب ہم تجھ سے نوکرون کی طرح محبت نہین کرتے بلکہ بھائی کے مانند عزیز

رکھتے ہین اور وہ شخص اس قابل ہی کہ یہان مین اُسکا کچھ حال لکھون۔

پنجاب مین امرتسر کے پاس نوشہرہ ایک شہر ہے یہ وہان کا باشندہ ہی اور ابتدا ۲۹- رجمنٹ ہندوستانی کا ایک سپاہی تھا یہ وہ رجمنٹ ہی جس نے شاہ جہان پور مین بغاوت کی اور اپنے افسرون اور تمام انگریزون کو جو وہان کے گرجا مین تھے قتل کیا چند سال پہلے وہ سہارنپور مین کمان پر تھا وہان کے پروٹسٹنٹ پادریون نے اسکو عیسائی کر لیا لیکن اسنے ہنوز شرف اصطباغ حاصل نہین کیا تھا۔

دسمبر ۱۸۵۶ء مین میرے خزانے پر پہرہ دینے کے لیے اپنی کمپنی کے ساتھ وہ شاہ جہان پور سے جہان اسکی رجمنٹ مقیم تھی بدایون مین آیا یہان اتفاق سے چند ہندوستانی عیسائی تھے اور وہ نماز کے لیے انکے ساتھ ہر ایک اتوار کو میرے بنگلے پر آیا کرتا تھا۔ جب کمان کی مدت پوری ہو گئی اور اپریل ۱۸۵۷ء مین کمپنی صدر مقام کو لوٹ گئی وزیر سنگھ عیسائیان بدایون کی محبت کے سبب رجمنٹ سے نام کٹا کر شروع مئی مین بدایون چلا آیا مین نے اسکو مجسٹریٹی کی رو سے اپنی اردلی مین رکھ لیا اسلیے جب کہ غدر کے نمودار مین وہ اتفاق پیش آیا جسکی طرف مین ایما کر چکا ہون اُس سے صرف چند روز پہلے سے وہ میرے پاس تھا اسی نظر سے اُسکی اسوقت اور اُسکے بعد کی جان نثاری اُسکے لیے زیادہ اعزاز کی بات ہی کیونکہ بخیال حقوق آقاے حال کے سرزد ہوئی نہ بلحاظ قدیم الخدمتی کے اب مین پھر اُن لوگون کا ذکر کرتا ہون جنکو مین نے ملاقات کے لیے بلوایا تھا بتدریج وے ٹھنڈے ہوے اور مین نے اُنکو باتون مین لگا لیا اور اُنکے ساتھ مباحثہ کرنے لگا اور سب سے بڑھکر تو یہ کیا کہ اُنکو ایک دوسرے سے توڑ لیا کیونکہ

یہ تو مجکو معلوم تھا ہی کہ انمین سے بہتیرون مین بالخصوص بڑی عداوت ہی۔ الغرض
مین نے ایسا بندوبست کیا کہ انکا خیال بانٹ دیا۔ یہان تک کہ جو وقت ہنگامہ
پردازی کے لیے مقرر تھا ٹل گیا منصوبے جو ان لوگون نے پہلے سے باندھ رکھے
تھے اُسوقت تو رہ گئے اور مجکو نہایت خوشی ہوئی کہ وہ دن (اُفو کتنا لمبا تھا)
چپ چاپ گذر گیا مجکو یاد پڑتا ہی کہ عمر بھر اپنے ملک کے آدمی سے بات چیت
کرنے کی مجکو ایسی تمنا نہین ہوئی جیسی ان مصیبت کے دنون مین یعنی ۲۰ مئی سے
۲۷ تک مجکو اپنے خزانے کے گارد کے سپاہیون سے جو بریلی کی اٹھائیسوین رجمنٹ
ہندوستانی کے جوان تھے نا مطمئن رہنے کے تو بہت سے سبب تھے اور کسی طرح خاطر
جمع نہین ہوتی تھی کہ مین ان بھلے مانسون کے زیر سایہ بیٹھا رہون انکا کیا اعتبار ہی خدا
جانے کسوقت بغاوت کر بیٹھین اور مجکو مار ڈالین میرے پاس جو پولیس کے لوگ تھے
اتنے تھوڑے تھے کہ مین اُنپر بھروسا نہین کر سکتا تھا اور مجکو اپنی بیکسی بہت ہی اکھرتی
تھی اسی لیے یہ کچھ تھوڑی مسرت کی بات نہ تھی کہ جب مین ۲۷ مئی کو اکیلا حاضری کھانے
بیٹھا تو مین نے الفرڈ فلپ صاحب اپنے چچازاد بھائی ایٹہ کے مجسٹریٹ کو دیکھا کہ دس بارہ
سوار کچھ تو بے آئین رسالون کے مختلف رجمنٹون کے اور باقی بھی پولیس کے ہمراہ لیے چلے
آ رہے ہین انھون نے اپنے ضلع کی حالت تو بہت ہی ماتم انگیز بیان کی اور قصبہ کاسگنج مین
باغیون کے ایک گروہ سے اور انسے ایک معرکہ بھی ہو گیا جسمین انھون نے خود اپنے ہاتھ سے
تین آدمیون سے کم نہ مارے ہونگے یہ اس غرض سے گنگا اُتر کر آئے تھے کہ بریلی جائین اور
کچھ فوج ہنگامہ فرو کرنے کے لیے ساتھ لائین مین اس امید پر انکو ملامت کرنے مین
معذور تھا مین نے اُنسے کہا کہ مین خود کئی دفعہ مدد مانگ چکا ہون نہین ملی کوئی آدمی

خالی نہین تیئسوین تاریخ تک کام یون ہی روز بروز بدتر ہوتا گیا بےبندوبستی خصوصاً
اس سبب سے اور بھی زیادہ ہوئی کہ مین اپنا مقام چھوڑ کر موقع ہنگامہ تک نہین جا سکتا
تھا کیونکہ میرے پاس کوئی افسر ایسا نہ تھا جسکو مین خزانہ سپرد کر جاتا ۔ تیئسوین تاریخ
ہفتے کے دن تیسرے پہر مجکو معلوم ہوا کہ قصبۂ عظیم بھلسیہ پر باغی حملہ کرنے کو ہین مین نے
جھٹ پٹ بریلی کو صاحب کمشنر کے پاس اس التجا سے ایک پیغام بھیجا کہ کچھ مدد میرے
پاس بھیجے میرے پولیس کے لوگ تو کیا پرانے ملازم اور کیا نئی بھرتی کے ایسے
مشکل موقع مین ہرگز مقابلے کے قابل نہین ہین بلکہ خفیف معرکون مین بھی ان سے
کچھ ہونے کی امید نہین ہے ۔ اتوار کے دن مئی کی ۳۱ تاریخ مین نے بدایون کے نمازیون
کو کہ چند آدمی تھے جمع کیا اور سب نے جماعت سے نماز پڑھی جب مین ہندوستانی زبان مین
نماز شام پڑھ چکا اسی وقت ایک شخص ایٹہ سے فلپ صاحب کے نام کی چٹھی انکے کسی
ہندوستانی اہلکار کی لکھی ہوئی لیے ہوئے آیا اسمین لکھا تھا کہ براملی صاحب فتحگڑھ کے
جنٹ مجسٹریٹ دو پلٹنین ساتھ لیکر بندوبست کرنے کے لیے کل ضلع ایٹہ کے صدر
مقام پٹیالے مین آنے والے ہین ہم دونون اس خبر سے بہت خوش ہوئے اور منصوبے
سوچنے لگے کہ کیونکر پہلے فلپ صاحب اپنے ضلع کے باغیون کو سزا دین اور پھر میرے
ضلع کا بندوبست بٹھانے میری مدد کو چلے آئین تھوڑی دیر بعد ۹ بجے رات کے
قریب میری درخواست استمداد کے جواب مین صاحب کمشنر بہادر نے یہ پیغام بھیجا
کہ ہندوستانی سپاہیون کی ایک کمپنی ایک انگریز کے تحت مین آپ کی مدد کو آج
بریلی سے روانہ ہوگی ۔ مین نے فوراً ان لوگون کو آدھے رستے سے لے آنے کے
لیے چھکڑے بھیجنے کا بندوبست کیا تاکہ یہ لوگ سیدھے بھلسیہ کو جسپر حملۂ باغیان کا خوف تھا

چلے جائین اور وہان تازہ دم اور بے تکان پہونچین پھر مین نے صاحب کمان افسر کے
نام چٹھی دیکر ایک سوار کو دوڑایا اور انکو اس بندوبست کی اطلاع دی اور یہ لکھ بھیجا
کہ جسقدر جلد ممکن ہو جھٹ پٹ چلے آئیے اسکے بعد مین خوش و خرم آرام کرنے کو جا لیٹا
قلب صاحب بھی میری طرح اس امید سے محظوظ تھے کہ اب بقدر ضرورت مدد کافی مل گئی
صبح کے تین بجے ایلچہ لوٹ جائینگے ڈھائی بجے کے قریب مین انکو جگانے کے لیے اٹھ
کھڑا ہوا مین اپنے کمرے سے باہر نکلنا چاہتا تھا کہ اتنے مین ایک چپراسی میرے پاس
یہ کہتا ہوا اندر آیا کہ جس سوار کو حضور نے کمپنی کے پاس بھیجا تھا ابھی واپس آیا اور یہ
ہولناک خبر لایا ہی کہ بریلی سے بداون کے آٹھ میل اُدھر تک جیلخانے سے بھاگے ہوے
قیدی سڑک پر چھائے ہوئے پڑے ہین سپاہیان بریلی اتوار کے دن دوپہر سے
پہلے کھلم کھلا باغی ہوگئے انگریزون کو مار ڈالا چھاونی کو پھونک دیا اور بڑے صدر
جیلخانے کو جسمین تخمیناً چار ہزار ہندوستان کے چھٹے ہوے بدمعاش قید تھے توڑ ڈالا
اور انھین باغیون کا ایک دستہ بداون کو جھپٹا چلا آرہا ہی تاخزانے کے گارد والون سے
آملے اور شہر کو لوٹے اور پھونکے - بے شبہہ یہ خبرین بڑی مہیب تھین اور سوار کی
گھبرائی ہوئی صورت اور گھوڑے کے ہانپنے سے معلوم ہوتا تھا کہ یہ روایت بہت صحیح ہی
اور وہ بیچارہ مجکو خبر پہونچانے کے لیے اپنی جان لیکر بھاگا ہی - مین نے فوراً قلب
صاحب کو جگایا اور مصیبت ناک خبر اُنسے کہی اُنھون نے اپنے گھوڑے اور
ساتھیون کو طلب کیا اور دس منٹ بعد سوار ہوکر یہ بھگاتے ہوے چلدیے تاکہ
پہلے سے گنگا پار اُتر جائین ایسا نہو کہ قیدی یا باغی آجائین اور انکو اپنے مقام پر
جانے سے روکین مین نہایت تاسف کرتا ہون کہ مین نے ایسا کیون نہ کیا بداون سے

چلا گیا ہوتا کہ یہان میرے رہنے سے کچھ بھی فائدہ نہین تھا لیکن مین تو اسکو اپنا فرض نوکری سمجھتا رہا کہ اپنی جگہ سے نہ ہلون اور جہان تک ناؤ ہے اسکی پتوار نہ چھوڑ دون مین اپنے کمرے مین گیا اور بہت زاری سے دعا مانگی کہ اے خدا مجھکو بچا اور وہ راہ دکھا جسپر چلنا میرے حق مین انفع ہو اور مجھکو فرض نوکری ادا کرنے کی توفیق دے تب مین نے اپنے کوتوال کو بلایا اور بتاکید اسکو ہدایت کی کہ حتی المقدور ایسا بندوبست کرنا چاہیے کہ جب تک ہو سکے شہر مین امن و عافیت قائم رہے میرا بڑا مطلب یہ تھا کہ قیدیان مفرور کے غول چھٹے ہوے بدمعاش ہین یہان نہ آنے پائین اور حسن اتفاق سے مین اس ارادے مین کامیاب بھی ہوا - دن کے دس بجے کے قریب میرے ضلع کے نیل والے صاحب یعنی ڈونلڈ صاحب اور انکا لڑکا مجھ سے آملے یہ لوگ موضع گھانی مین رہتے تھے وہان انکو جان کا خوف ہوا اور بچاؤ کے لیے یہان چلے آئے گبسن صاحب گرد آور پرسٹ نے بھی میرے گھر پناہ لی یہ بیچارے چند روز کے واسطے کسی کام کے لیے اس ضلع مین آئے تھے آکر پھنس گئے اسی طرح سٹوارٹ صاحب میرے دفتر کے کرانی بھی اپنی بیوی اور بچون کو لیکر میرے یہان آرہے ان لوگون کو یہ خیال تھا کہ مین انکو بچا سکتا ہون حالانکہ کئی انگریزون کے اکٹھے ہوکر رہنے سے خواہ مخواہ لوگون کو بھرم ہوا اور ہمارے لیے خطر زیادہ ہو گیا اور ساتھ ہی میری نقل و حرکت کو روکا مین تو مطمئن تھا کہ جب تک مین اکیلا ہون اپنے امن کے لیے تدبیر کر سکتا ہون کیونکہ ضلع مین ایسے بہت لوگ میرے دوست تھے جو مجھکو پناہ دے سکتے تھے بلکہ یہ لوگ خود اسکے آرزومند تھے لیکن بہت سے آدمیون کو پناہ دے کر اپنے امن کو تذبذب مین ڈال دینا کسی طرح پسند نہین کرتے تھے خصوصاً اس سبب سے کہ انمین بعض لوگون نے ایسی زمینداریان عمل

لی تھین جو ہماری دیوانی عدالتون کی ڈگریون مین سختی کے ساتھ نیلام ہوئی تھین
اور اسی سبب سے ضلع کے لوگ ان سے عداوت رکھتے تھے پچھلے بارہ یا پندرہ
برسون مین ایسے نیلام بڑی کثرت سے ہوے اور تحصیل مالگذاری کے ایسے
طریقے جاری ہوے کہ ملک کے رئیس لوگ برباد ہو گئے اور دیہات کے جتھے
ٹوٹ گئے مین تو انھین دو باتون کی طرف اپنے ضلع اور دیگر اضلاع ملحقہ کی بے
بند و بستی منسوب کرتا ہون اکثر ذی رتبہ اور مقتدر خاندانون کے علاقے فریب یا
دغابازی سے چھن گئے اور اجنبی لوگون مثلاً مہاجنون یا سرکاری ملازمون نے
جنکا پاس یا دباؤ رعایا پر مطلق نہ تھا خرید لیے یہ لوگ خود بھی اپنے خریدے ہوے
علاقون سے علی الاکثر غیر حاضر رہا کرتے ہین یا تو وہان رہنے سے ڈرتے ہین یا وہان کا
رہنا انکو خوش نہین آتا کیونکہ انکو وہان کے لوگ غاصب اور دخیل بیجا کی طرح دیکھتے
ہین پھر ان چھنے ہوے علاقون کے مالکان قدیم اس اراضی پر جو پہلے کبھی انکی اپنی
تھی کاشتکارانہ قابض ہین اور اسی حالت کا انقلاب انکو نہایت رنج دہ ہوتا ہے
گو قبضہ مالکانہ اراضی انکے ہاتھ سے نکل گیا لیکن رعایا کی محبت اور ہمدردی پر
ویسا ہی مستقل موروثی قبضہ رکھتے ہین جیسا ہمیشہ سے چلا آتا ہو اور رعیت بھی
آمادہ و متمنی ہے کہ جب کبھی انکے کھویا کھویا ہوا درجہ یا اپنے علاقون پر قبضہ حاصل
کرنے کا ارادہ کرین انکا ساتھ دے ضلع بدایون مین اسطرح کے مالکان قدیم اب
تک موجود ہین لیکن کاشتکاری کی حالت مین نہ مالکیت کی جو لوگ انکی جگہ زمین کے
مالک ہوے ہین انمین سے کسی کو وہ قوت اور دباؤ حاصل نہین کہ امن خلائق
کے قائم رکھنے مین کچھ بیری مدد کر سکتا بلکہ برخلاف اسکے رعیت مین سے جو لوگ

کہ سب سے پہلے مجھ سے مدد مانگنے آئے یہی مالکان جدید تھے جنسے مجکو اُلٹی یہ اُمید رکھنی چاہیے تھی کہ بندوبست کے قائم رکھنے کے لیے یہ لوگ وسائل کافی و ذرائع وافی ہین علاوہ برین جو لوگ درحقیقت دہقانی لوگون کے بڑے گروہون کو زیر کر سکتے ہین ہنگامہ اور شورش برپا ہونے مین اپنا فائدہ سمجھتے تھے ۔

بلوے سے ایک برس بلکہ آگے مین نے حکام اعلیٰ سے صاف صاف بیان کر دیا تھا کہ دیوانی عدالتین اپنے اختیارات بہت بُری طرح عمل مین لاتی ہین اُنکا یہ طریقہ نہایت بے ٹھور ٹھکانے ہے کہ تھوڑے تھوڑے قرضون کے لیے منافع و مرافق اراضی نیلام کروا ڈالتی ہین اور اس سبب سے انتظام مُدن مین خطرناک ردوبدل پیدا ہوتا ہے مین نے یہ بھی جتا دیا تھا کہ اگرچہ پُرانے خاندان جلد بے دخل کر دیے جا سکتے ہین لیکن ہم پچھلی باتون کی یاد تو نہین مٹا سکتے یا اُنمین اور رعایا مین جو قدیم کا تعلق ہے اُسکو تو نابید نہین کر سکتے مین نے صاف صاف پوست کندہ کہ دیا تھا کہ ہم جو اِن لوگون کے آپس کے روابط توڑ دینا چاہتے ہین اسکے برخلاف جب کبھی کوئی بلوا ہو پڑا تو ہم پائینگے کہ مالکان قدیم کا یہ بڑا اور رعب داب والا گروہ کہ اُسی کے ذریعے سے ہم لاکھون آدمیون کی دہقانی جماعتون کو زیر اور مطیع کرنے کی اُمید رکھتے ہین ہمارے مقابلے مین دشمن کی طرف اپنے موروثی ہمراہیون اور ساتھیون کو لیے صف باندھے ڈٹا ہوگا میرے جتانے پر کچھ التفات نہوا اور مین ڈرپوک سمجھا گیا کہ تمنے اب تک صرف ملکی صیغے مین نوکری کی ہے معاملات مالی مین بالکل ناآزمودہ کار ہو اور اس باب مین رائے صائب نہین دے سکتے اُسوقت مجکو یہ تھوڑا ہی خیال تھا کہ میرے اندیشے اور پیشین گوئیان ایسی جلد سچی ہو جائینگی اس بلوائے عظیم کے پیشوا ۱۷۱

اور ترقی دینے والے کوئی لوگ ہون یہ تو اُنکو پہلے سے معلوم تھا کہ ممالک شمال و
مغربی مین یہ دیہاتی لوگ ان سببون سے نہایت برافروختہ حالت مین ہین اور اسی
لیے اُنھون نے بجلی کی طرح لپکتی ہوئی چپاتیان آمادہ کر دینے کو انمین دوڑائین روٹیان
اس جلدی سے کہ عقل حیران ہوتی ہے طول و عرض زمین پر ہو کر گذر گئین یہ کہ دینا تو ناممکن ہے
کہ یہ پہلے کہان سے آئین لیکن مجکو یقین ہے کہ بارک پور سے چلین کہ وہین سپاہیان باغی کے
انبوہ کثیر جمع تھے چپاتیان میرے ضلع مین ضلع شاہ جہان پور کے ایک دیہہ ملحقہ سے آئین
وہان کے ایک گانوٗن کے چوکیدار نے ضلع بداون کے پاس والے گانوٗن کے چوکیدار کو
دو روٹیان حوالہ کین اور یہ حکم سُنا دیا کہ چھ تازی روٹیان پکا کر دو تو اپنے لیے رکھ چھوڑ
اور باقی دوسرے گانوٗن کے چوکیدار کو جا کر دے اور وہ بھی ایسا ہی کرے اور یہ بخش
و تقسیم اسی طرح ہوتی چلی جائے مجکو یقین واثق ہے کہ سب قسم کے دیہاتی لوگ جنھین یہ روٹیان
پہنچائین انکے اصلی مطلب سے ایسے ہی ناواقف تھے جیسا مین لیکن یہ تو کھلی بات ہے کہ
یہ ہوشیار کر دینے کے لیے مخفی نشانی تھی اور لوگون کے دل انکے ذریعے سے ہوشیار اور
برانگیختہ ہو گئے جب میرٹھ اور دہلی مین بلوا ہوا روٹیون کے معنی کھل گئے اور خلقت نے
جان لیا کہ اُسسے کیا مراد تھی بداون مین لوگ گروہ بن بن کر اُٹھ کھڑے ہوے اور تمام
ضلع تماشاگاہ شورش و ہنگامہ ہو گیا مالکان قدیم کو خریداران نیلام کے مار ڈالنے
یا بے دخل کر دینے کا موقع ملا اور اپنے موروثی علاقون پر پھر قابض بن بیٹھے اب اندیشہ ہے
کہ ہماری رعیت کا بہت بڑا گروہ جو گنتی مین ہزارون ہی ہونگے اور یہی لوگ حقیقۃً
شخص سلطنت کے اعضاء رئیسہ ہین سرکار کا اقتدار پھر آنے سے ہرگز راضی نہونگے
ان لوگون کو یہ خیال ہے کہ سرکار نے ہمارے ساتھ سختی کی اُسی کے آئین سے ہمکو مغلوب

اور بے دخل کیا یہ لوگ تصور کرتے ہین کہ امن کے ہوتے ہی سرکار پہلا کام یہی کریگی
کہ خریداران نیلام کو پھر قبضہ دلائے اور ہم لوگون کو خارج کرے مجکو تو یقین واثق ہے کہ
فوج کتنی ہی کثیر ہو ہماری عملداری پھر نہین بٹھا سکتی جب تک کہ پچھلی برائیون کی تلافی
کا کچھ بندوبست نہ کیا جاوے اور کچھ ایسی قرارداد نہو جس سے پرانے خاندان بحال کیے
جائین اور لوگ اسقدر ہم سے مانوس ہوجائین کہ ہمارا ساتھ دینے مین ہمدردی کرین
اور اپنا فائدہ سمجھین اور ساتھ ہی خریداران نیلام کی بھی کماحقہ خبرگیری کی جاے
مجکو پورا بھروسا ہے کہ اگر ناراضی کے یہ سبب نہ پائے جاتے تو دیہات کے لوگ بلوا
کرنے مین کبھی سپاہیون سے نہ ملتے کیونکہ وے سپاہیون کو برا سمجھتے تھے انھون نے
کارتوس یا اُس آٹے کی طرف جسکو لوگ کہتے تھے کہ آدمیون کی ہڈیون سے بنتا ہے
کچھ بھی خیال نہین کیا اور نہ یہ عونما انکو محرک ہوا کہ دین مین کچھ رخنہ پڑنے والا ہے بلکہ ان
تو انکے حقوق اور منافع اراضی اور موروثی قبضون کا ذکر ہی جنکو وے بالاتفاق جانتے اور
زیادہ عزیز کہا کرتے ہین اور انھین باتون سے یہ لوگ بگڑ اُٹھتے ہین اب مین اُن حوادث
کے ذکر کی طرف رجوع کرتا ہون جو کم بخت پہلی تاریخ جون کو واقع ہوے دوپہر کے قریب
مین نے اپنے مہمانون کو الگ کمرے مین اکٹھا کیا اور ہم سب نے ملکر صمیم قلب سے
دعا مانگی کہ اے خدا اس نا امیدی کی حالت مین ہم پر اپنا رحم کر اور ہمکو بچا مجکو یقین ہے
کہ ہماری دعائین مستجاب ہوئین لیکن اُسوقت جو لوگ موجود تھے اپنے سوا مجکو
کسی کا حال معلوم نہین کہ کس پر کیا بیتی پھر مین نے دونون ڈونلڈ صاحب اور گبسن صاحب
اور سٹوارٹ صاحب کو نصیحتین کر کرکے سمجھایا کہ تم لوگ مجھے چھوڑکر پہاڑ کی راہ لو
ابھی موقع ہے اور الگ رہنے کی بہ نسبت اکٹھے ہوکر رہنے اور پھر مُڑ بڑھانے سے

ہمارے اس کو نہایت خطر ہی مجھپر تو صرف یہی فرض ہی کہ جب تک انتظام کی ایک نمود
بھی رہے اپنی جگہہ برقرار رہون اور تم لوگون کو ایسی کیا ضرورت ہی اپنے بچاو کا بندوبست
کرو لیکن میری سب دلیلین اور التماسین بے فائدہ تھین وہ لوگ بالکل بُت کی طرح
گُم صم تھے اور ایسا معلوم ہوتا تھا کہ اُنکو بچنے کی امید صرف اسی مین ہی کہ مجسٹریٹ کو
لپٹے رہین — آج کے روز گرمی بہت تھی دن بڑی اُو اسی سے گھٹا دمبدم رنگ
برنگ خبرین میرے پاس چلی آتی تھین کہ شہر مین لوگ اُٹھ کھڑے ہوئے پولیس والے
پھر گئے میرے مارنے اور خزانہ لوٹنے اور جیل خانہ توڑ ڈالنے کے لیے بریلی سے
باغیون کی ایک جماعت کثیر نزدیک آ پہونچی — خزانے کے گارد مین اٹھٹھوین ہندوستانی
پلٹن کے سو جوان تھے اور وہ پلٹن بریلی مین ایک دن پہلے باغی ہو چکی تھی شام کے
چار بجے کے قریب اس گارد کا ہندوستانی افسر صلاحیت کی رپٹ بولنے میرے
پاس آیا مین نے اُسکو الگ لیجا کر پوچھا کہ سچ بتاؤ کیا حال ہی اُسنے سخت قسمین کھا کر کہ
ہمارے بیڑے کا کوئی آدمی بھی بریلی کے بلوے سے واقف نہین ہی بریلی والے
سپاہیون کے پاس سے کچھ خبر گارد والون کے پاس نہین آئی اور کہا کہ مجکو بھروسا ہی
کہ جب تک کرنیل ٹروپ صاحب زندہ ہین پلٹن نہین بگڑیگی پھر اُسنے مجھ سے کہا کہ گارد
کے جوان شہر کی برافروختہ حالت دیکھ کر سہمے ہوئے ہین اور ڈر رہے ہین کہ مبادا
بدمعاشون کا کوئی زبردست گروہ اُنپر حملہ کرے اور خزانہ لوٹ لے اور اُسنے بالتجا
میری منت کی کہ آپ چل کر گارد والون کے ساتھ رہیے کہ اُنکو بھی اطمینان لگی رہے
اُسکی التجا اور طرز منت و بیان نے تو مجکو بالکل دھوکا دیا اور مین سمجھا کہ اگر کبھی کسی نے
سچ بولا ہوگا تو وہ یہی شخص ہی مین نے جھٹ پٹ جانے کا ارادہ کیا اور اُس سے کہا

کہ تم چلو مین بھی پیچھے پیچھے ابھی آتا ہون تب مین نے اپنی بگھی منگوائی اور قریب تھا کہ
سوار ہو کر ہانکون اتنے مین وزیر سنگھ آیا اور کہنے لگا کہ مین ان لوگون کو خوب
جانتا ہون انکا ارادہ شرارت کا ہی حضور برائے خدا گارد مین تشریف نہ لیجائین مین نے
اُسکی نصیحت مان لی اور بگھی بھیج دی مین اس اتفاق کو نہایت مشکوری کے
ساتھ ایسا ہی سمجھتا ہون کہ جیسے پچھلے دو مہینون مین کئی دفعہ خدائے قدیر نے
میری جان بچانے کے لیے اپنی نگہبانی کو دخل دیا اگر مین اپنے تئین گارد کے ہاتھون
مین سونپ دیتا تو بس فوراً مجکو مار ڈالتے کیونکہ مجکو پیچھے تحقق ہوا کہ صبح کے چار بجے کے
قریب ایک قاصد بریلی کی پلٹن سے گارد والون کے پاس آ چکا تھا کہ یہان یہ کچھ
واقع ہوا اور تم لوگ بھی ہوشیار رہو ہم مین سے ایک جماعت شام کو بداون کی
طرف روانہ ہو گی گارد کے جوان ڈیڑھ گھنٹے سے زیادہ تک میری بگھی آنے کی
راہ دیکھتے رہے جب اُنھون نے جانا کہ مین نہ آؤن گا تو وے زیادہ ضبط نہ کر سکے بلکہ
کھلم کھلا بغاوت پر ٹوٹ پڑے ـ یہ بات تو کچھ بھی مشکل نہ تھی کہ اُنمین سے چند آدمی
میرے بنگلے پر چلے آتے اور مجکو پکڑ لیتے یا مار ڈالتے لیکن خزانے کے پاس سے ٹلنے پر
کوئی راضی نہوا اس خوف سے کہ مبادا پیچھے خزانہ لٹنا شروع ہو جاے اور روپیہ ہاتھ نہ لگے
اُنکی پہلی حرکت یہ تھی کہ خزانے سے سو گز کے فاصلے پر جیلخانہ تھا اُسکو توڑ دیا اور تخمیناً
تین سو آدمیون کو جو اُسمین قید تھے چھوڑ دیا شام کے ۶ بجے کے قریب غوغا اور شور غل
ہونے سے مین سمجھا کہ ہلاکت کا کام شروع ہو گیا اُسی دم مجکو خبر ملی کہ باغیان بریلی شہر مین
داخل ہوے اور بالکل پولیس والے اپنی وردی پھینک پھینک اُنمین جا ملے جب چھوٹے ہوے
قیدی غل مچاتے اور شور کرتے ہوے میرے بنگلے کے پاس آ پہنچے تب تو مین نے جانا

کہ میرا کام تمام ہوا اور جس ناؤ پر مین چڑھا ہوا تھا ڈوب گئی اور یہی وقت ہی کہ مین اپنے
بچاؤ کی تدبیر کرون میرا گھوڑا یعنی ایک چھوٹا سا کابلی ٹٹو نقرہ رنگ جو میری بیوی کا ہی
اور وہی اُسپر اکثر سوار ہوا کرتی تھین اور جسکی تیزروی اور محنت کشی پر مجھکو بھروسا تھا
تمام دن زین کسا ہوا کھڑا رہتا ہی تھا مین فورًا اُسپر سوار ہوا اور آہستہ آہستہ اپنے بنگلے سے
باہر نکلا دونون ڈونالڈ صاحب اور گبسن صاحب بھی میرے پیچھے ہو لیے۔ ہمنے ارادہ
کیا کہ مرادآباد کی سڑک ہوکر پہاڑ پر چل دین مگر شہر جسمین اُسوقت باغی بھرے ہوے تھے
ہمارے اور اُس سڑک کے بیچ مین واقع ہوتا تھا اسی لیے مین چاہتا تھا کہ کسی طرح اتنا
وقت گذر جاے کہ باغی خزانے پر جا پہونچین کیونکہ یہ تو مین جانتا ہی تھا کہ وے لوگ
پہلے خزانے کا قصد کرینگے پھر شہر کے گرد اگرد پھیر کھا کر مین مرادآباد کی سڑک پر جا پڑونگا جب
مین اپنے بنگلے سے کئی سو گز گیا تو شکوہ پورہ کے ایک مسلمان بڑے خاندانی رئیس جو اکثر
میری ملاقات کو بھی آیا کرتے تھے ملے اور مجھکو منع کیا کہ شہر کے گرد اگرد نہ جائیے کیونکہ نوکر
سپاہی اور چھوٹے ہوے قیدی جمع ہین اور میری منت کرنے لگے کہ چلیے میرے گھر پناہ
لیجیے انکا مکان جدھر کو مین جایا چاہتا تھا اُس سے مخالف سمت مین تخمینًا ۲ میل دور
ہوگا مین جھٹ راضی ہوگیا کہ بہت خوب کیونکہ مجھکو یہ امید ہوئی کہ جب تک باغی شہر چھوڑ جائینگے
مین انکے پاس چھپا رہونگا پھر تو مین لوٹ کر اپنا کام کرنے لگونگا اور انتظام سنبھالونگا شیخ نے
اُسوقت یہ بھی کہا کہ مین صرف آپ اکیلے کو پناہ دونگا اور کسی کو نہین لیکن مین سمجھا کہ سمجھا بجھا کر
اُنکو اس ارادے سے روک دونگا اور سب ملے جلے رہینگے اور اسی لیے مین نے اُسوقت اُنکے
کہنے کی پروا نہ کی ہم لوٹے اور شیخ ہمارے ساتھ ہوے ہمکو اپنے بنگلے کے پاس ہوکر آنا پھرنا پڑا
اور اگرچہ مشکل سے دس منٹ گذرے ہونگے کہ مین نے اُسکو چھوڑا تھا تاہم اتنی ہی دیر مین

مین نے دیکھا کہ اُسکی لوٹ شروع ہو گئی اور میرے اپنے چپراسی میرا مال لینے مین مصروف
ہین پہلا شخص جسکو مین نے اپنی کرچ پہنے دیکھا میری اردلی کا جوان تھا جو بہت میرے
منھ لگا تھا البتہ مین اُسوقت ایسی حالت مین نہ تھا کہ اُسپر خفا ہوتا یا اُسکو تنبیہ کرتا اب
مین نے مجبور ہو کر بیچارے سٹوارٹ صاحب اپنے کرانی اور اُنکے اہل و عیال کو چھوڑ دیا
وے سخت مصیبت مین تھے کیونکہ اُنھون نے میری صبح کی نصیحت پر کہ اپنے بھاگنے کا فکر
کرو ابھی تک ہو سکتا ہی خیال نہ کیا اور اب تو ظاہرا وہ موقع ہی جاتا رہا اُنکے پاس سواری مین
فقط ایک بگھی تھی جو صرف پکی سڑکون پر چل سکتی ہی اور سڑکون کو باغی اور بلوائی روکے
پڑے تھے انکے لیے کھیتون مین چھپ رہنے کے سوا اور کوئی تدبیر نہ تھی اور خود
اپنی مایوسی کی حالت مین جو کچھ کہ مین انکے حق مین کر سکا بس یہی تھا کہ شہر کے ایک
رئیس جو اسوقت میری خبر لینے آئے تھے مین نے سٹوارٹ صاحب کو اُنکے سپرد کر دیا
اُنھون نے انکی خبرگیری کا اقرار کیا اور مجکو امید ہی کہ بیشک اُنھون نے ایسا کیا ہوگا
لیکن یہ کہ آخر اُنکا کیا حال ہوا مجکو معلوم نہین مگر چونکہ وہ ہندوستان زا ہین اور قریب
قریب ایسے سیاہ فام ہین جیسے ہندوستانی مجکو وثوق ہی کہ اُنھون نے بھاگ جانے کی
تدبیر کر لی ہوگی اور ہنوز زندہ ہونگے آخر کار اُس امن اور خوشی کے بھرے پُرے گھر کے
چھوٹنے سے جہان پچھلے اٹھارہ مہینے ہمکو معقول خوشی اور مبارک خاطر جمعی حاصل رہی
بیشک میرا دل اُداس ہوا جب مین اُسوقت کو اپنی ان تباہی کی حالتون سے
مقابلہ کرتا ہون تو ایسا معلوم ہوتا ہی کہ اُن دنون دنیا ہمارے حق مین گویا بہشت
تھی میرے اپنے نوکرون مین ایک پٹھان سلطان محمود خان میرے ساتھ ہوا اور دیانک
وزیر سنگھ چوبدارون کے تمام سرکاری ملازمون مین نمک حلال رہا میرے پاس ایک

جوڑی کپڑے تھے جو مین نے اپنے سائیس کو دے دیے تھے لیکن وہ یکایک غائب ہوگیا اور پھر مجکو نہ دکھائی دیا پس میرے پاس وہی رہ گئے جو بدن پر تھے مین نے ایک چھوٹی سی انجیل بھی اپنے ساتھ لے لی اور پیاری مس میری صاحبہ کا ٹوا جو میرے روز ولادت کے تحفے کے لیے بنا تھا اور چند روز ہوئے ولایت سے میرے پاس آیا تھا بس یہ چیزین اور میری گھڑی اور پنج نالی تپنچہ اور ڈیڑھ سو روپے جو سلطان محمود اور وزیر سنگھ کو بانٹ دیے تھے اور دونون نے اپنی اپنی کمر سے لپیٹ لیے تھے دنیوی کائنات سے میرے پاس نہین عمر بھر مین مجکو یہ پہلا اتفاق پیش آیا کہ مین صرف یہ چیزین لے کر راہیون کی طرح چل کھڑا ہوا نہ گھر نہ در اور یہ بھی نہین جانتا تھا کہ کہان جاتا ہون۔

ہم پار وفادار دریا کو جو میرے بنگلے کے نیچے ہی بہتا تھا اُترے اور ایک گھنٹہ چلنے کے بعد چپ چاپ بے روک ٹوک شکوہ پورہ پہونچے گھوڑون سے اُترے اور صحن مکان مین داخل ہوئے کچھ دیر نہوئی تھی کہ شیخ کا ایک بھائی میرے پاس آیا اور ادب سے کہنے لگا کہ آپ لوگون کا باامن و عافیت یہان مقیم رہنا غیر ممکن ہی باغی آپ کے مجمع کی ضرور خبر پا جاینگے اور سُنتے ہی آ چڑھینگے پس آپ لوگ یہان سے روانہ ہون اور ہمارا ایک گانون یہان سے تخمیناً اٹھارہ میل کے فاصلے پر گنگا کے بائین کنارے ہی وہان چلیئن مین اسکے سُننے سے اور اس امید کے ٹوٹ جانے سے کہ جب تک باغی چلے جائین اُس پاس ٹہرا رہون گا اور پھر اپنے مقام پر لوٹ آؤنگا بہت ہی غمگین ہوا مین نے اُس رئیس سے کہا کہ مہمان نوازی سے یہ امر بہت بعید ہی کہ تم ہمکو گھر سے نکالتے ہو مگر اُنھون نے مطلق میری شکایت کی پروا نہ کی اور کہا کہ مین آپ اکیلے کے چھپانے کو دل سے راضی ہون لیکن آپ کے ساتھیون کو پناہ نہین دونگا چونکہ میرے ساتھی

مجھسے الگ ہوتے تھے اور نہ مین اُنکو چھوڑتا تھا پس سواے اسکے اور کیا صورت تھی کہ شیخ کی مرضی کے موافق کرین اور اگلے گانوٗن کو چلین کچھ تقدیر اچھی تھی کہ مین نے ایسا کیا جب مجکو یہ بات یاد آتی ہی تو مین بعجز اقرار کرتا ہون کہ یہ بھی ایک مثال تھی کہ خداے رحیم نے میری جان بچانے مین اپنی قدرت کو دخل دیا کیونکہ جب ہم نے شیخ پور چھوڑا اُسکے تھوڑی ہی دیر بعد بے آئین سوارون کی ایک جماعت جو باغیان بریلی کے ساتھ ہولی تھی اور مجکو انکے باغی ہوجانے کی بھی مطلق خبر نہ تھی کیونکہ اس رسالے کو تو ہم جادۂ وفاداری پر ثابت قدم سمجھے ہوئے تھے شیخ پور پر جہان ہم بہت تھوڑی دیر کے لیے پناہ گزین ہوے تھے آ چڑھے اور اگر مجکو وہان پاتے جیسی کہ وہ امید کرکے آئے تھے تو یقیناً مار ہی ڈالتے

مقام کسورہ مین ۲۸ - ماہ جولائی

آج مین پھر لکھنے بیٹھا لیکن پہلے کے بہ نسبت کسی قدر خوش ہون کیونکہ ۲۵ - مئی کے بعد سے اُسی تاریخ صبح بفضلہ تعالیٰ میرے پاس معتبر خبر آئی کہ میری زوجہ محبوبہ اور لڑکے نینی تال مین خیر و عافیت سے ہین ہم اس گانوٗن مین ہردیو بخش ایک بڑے تعلقدار اودھ کی پناہ مین تھے صبح کے وقت اسی گانوٗن کا ایک شخص میرے پاس خبر لایا کہ ایک مسافر رات کو آیا ہی آپ کو پوچھتا تھا اُسپر لوگون نے شبہہ کیا کہ فتح گڑھ یا اور کہین کے باغیون کا جاسوس ہی اور اُسکے چلنے پھرنے کو خوب تاڑنے لگے مین نے کہا کچھ قباحت کی بات نہین اُس آدمی کو ذرا میرے پاس لوالاؤ وہ بلایا گیا پوچھا تو وہ ایک کہار نکلا چونکہ مین ہندوستانی لباس مین تھا ایسا معلوم ہوا کہ پہلے اُسنے مجکو نہ پہچانا لیکن آخرکار بولا کہ حضور وہی صاحب ہین جنکو مین نے اکثر بدایون کی کچہری مین دیکھا تھا مین منصر بیجناتھ بریلی کے مہاجن کا نوکر ہون اور

اُنھون نے مجکو تحقیق کرنے کے لیے بھیجا ہی کہ حضور کی سلامت اور پوشیدہ ہونے کی خبر صحیح ہی یا نہین اور کہہ دیا ہی کہ اگر حضور تک پہونچ سکو تو یہ بات کہہ دینا کہ میم صاحب اور لڑکے دونون نینی تال مین اچھی طرح خیر و عافیت سے ہین اور کسی چیز کی ضرورت اُنکو نہین ہی کیونکہ ہمنے سامان ضروری اُنکے پاس پہونچا دیا ہی آہا اس خبر سے کیسا بوجھ میری چھاتی سے ٹل گیا۔

یہ پہلا قاصد ہی جو ابتداے ۱۳۔جون سے باہر کی دنیا سے ہمارے پاس آیا اُسنے مجھ سے کہا کہ بیچارے سٹوارٹ صاحب حضور کے کرانی اور اُنکے گھر کے لوگ بھی اب تک تو امن سے ہین اور بدایون کے نزدیک چھپے ہوے ہین خان بہادر خان بریلی مین حاکم ہی اور روہیل کھنڈ کا بادشاہ بن بیٹھا ہی۔ بیچارے ہی صاحب اور رابرٹسن صاحب اور رکیس صاحب اور بہت سے انگریزون کے ساتھ ۱۳۔مئی کو بریلی مین مارے گئے اور مین نے آپ اُنکی لاشون کو شہر مین گھسیٹے جاتے دیکھا لیکن بہت سے انگریز نینی تال کو بھاگ بھی گئے انھین مین الکزنڈر صاحب کمشنر اور کرنیل ٹروپ صاحب نکل بھاگے یہ قاصد جسکا نام کھمان سنگھ تھا طوفان سیلاب کے مارے بریلی سے دس دن مین آیا بارش بڑی زور سے ہوئی اور یہ بھی ہماری خوش قسمتی کی نشانی ہی کیونکہ باغیون اور مفسدون کی نقل و حرکت کی مانع ہوئی اُسنے مجھ سے کہا کہ سرکاری فوج دہلی مین ہی اور وہان سب کام ٹھیک ہی روز لڑائی ہوتی ہی آگرے اور میرٹھ مین اب تک امن ہی کھمان سنگھ نے میری خبر لیکر جانا کہ فورًا اپنے آقا کے پاس لوٹ جاے مین نے ایک چھوٹی سی چٹھی پر کے قلم مین بند کر کے اپنی بیوی کے نام اُسکے حوالے کی اُسنے وعدہ کیا کہ مین اسکو ضرور نینی تال پر پہونچا دونگا مجکو بڑی امید ہی کہ وہ بیشک ایسا کریگا کیونکہ پر کا ٹکڑا ایک انچ لنبا بھی نہین ہی بالفرض

اگر کوئی روکے بھی تو آسانی سے منھ مین چھپا لیا جا سکتا ہی کھمان سنگھ شام کے
وقت مجھ سے رخصت ہوا اب مین شیخ پور سے چلنے کے بعد یکم جون کی رات سے اپنی
سرگذشت بیان کرتا ہون ایک شیخ ہمارے ساتھ ہوا اور ہم بخوف تعاقب بڑی سڑک کو
اپنے بائین ہاتھ کچھ دور چھوڑتے ہوے پگڈنڈیون اور کھیتون مین ہوکر چلے راہ مین
کئی گانون واقع ہوے انمین تمام لوگ تلوارین اور گنڈاسے باندھے جمع تھے وے
لوگ ہمکو شیخ کے ساتھ دیکھ کر جسکی وہ سب رعایا تھے خاموش رہے اور کسی نوع کی چھیڑ چھاڑ
نہین کی لیکن شیخ کو اسقدر احتیاط کرنی پڑتی تھی کہ جب ہم کسی گانون کے پاس پہونچتے
لوگون کو ہمارے آنے کی خبر دینے کے لیے آگے آگے آدمی بھیج دیتا تھا تا ایسا نہو کہ نادانستگی
مین وہ لوگ ہم سے تعرض کرین ـ جب ہم آگے بڑھے مین نے پیچھے مڑکر نگاہ کی تو آسمان مین
روشنی کی چمکتی ہوئی شعاع نظر آئی مین سمجھ گیا کہ یہ روشنی بدایون مین جلتے ہوے بنگلون
کی ہی میرا تمام مال بھی انھین بنگلون مین تھا ہم اپنی منزل مقصود کو رات کے بارہ بجے پہونچے
وہ لکھورہ نامے ایک بڑا دیہات گانون تھا لیکن اسمین ایک مکان اچھا تھا جسمین شیخ جب
کبھی کسی کام کو یہان آتے ٹھہرا کرتے تھے ہمکو رات گذارنے کے لیے اس مکان کی
چھت پر چڑھا دیا اور یہان باہر شبنم مین میرا سونا شروع ہوا اس سے پہلے ایک یا دو مرتبہ کے
علاوہ کبھی ایسا اتفاق مجھکو پیش نہین آیا تھا سو جانے سے پہلے ہم سب نے مل کر نماز پڑھی
خدا کا شکر کیا کہ تو نے ہی اب تک اپنے فضل سے ہمکو بچایا اور آیندہ بھی تو ہی ہمارا حافظ و
ناصر ہی اگرچہ پچھلے آٹھ پہر کے حادثات کے سبب مین ہارا اور تھکا ہوا تھا تاہم مشکل سے
مین نے ایک جھپکی لی ـ چار بجے کے قریب ہم شیخ کے حکم سے جگا دیے گئے انھون نے
صلاح دی بلکہ اصرار کیا کہ آپ فوراً گنگا اتر کر موضع قادر چوک کو ضلع ایٹہ مین چلیے

وہان آپ لوگ بالکل مامون رہینگے اور اس گانؤن مین زیادہ عرصے تک اسکی امید نہین ہے کیونکہ بے آئین رسالے کے سوار جلد آپ کا پتا پا جاینگے۔ مین بھی سمجھ کر چلنے پر راضی ہوگیا کہ پٹیالے مین فلپ صاحب اور بریلی صاحب سے جا ملونگا اور اُنسے کچھ مدد لونگا اور بعد اُن لوٹ کر پھر انتظام ٹھہانے مین کوشش کرونگا لیکن تلخی پاس میرے نصیب مین تھی جیسا کہ بیان آیندہ سے معلوم ہوگا۔

صبح کے پانچ بجے ہم شنج سے رخصت ہوے اور دریاے گنگ کو چلے وہان ہمکو ایک کشتی ملی اور دوسری طرف اُتر گئی وہنے کنارے پر لوگون کا ایک بڑا انبوہ صف باندھے کھڑا تھا۔

یہ لوگ کسی پاس والے گانؤن پر حملہ کرنے اور اُسے لوٹنے کو اکٹھے ہوے تھے اُس گروہ نے ہمکو ڈانٹا اور جب ہم بیچ دھار مین پہونچے کشتی پر دو یا تین باڑھین چلائین لیکن گولیان ہم تک نہ آئین اور کچھ نقصان نہین ہوا اس مجمع سے ایک میل کے قریب نیچے ہٹ کر ہم بے مزاحمت کشتی سے اُترے اور قادر چوک ایک پرانے اُجاڑ قلعے کو جو تخمیناً ۲ میل تھا چلے مالک قلعہ ایک مسلمان رئیس ور رباؤ والا آدمی تھا اُسنے ہمکو بہت مہربانی سے لیا اور ایک جگہ ہمکو بتاوی دھوپ اُسوقت بڑی سخت تھی یہان آرام ملا اُسکے توابع احاطے کے گرداگرد ہتھیار باندھے حفاظت کے لیے بالکل اکٹھے تھے کیونکہ لٹیرون کی ایک بڑی جماعت اُسکے علاوہ جو ہم دریا کنارے دیکھ آئے تھے حوالی مین جمع تھی اور خوف تھا کہ ایسا نہو حملہ کر بیٹھے اسوقت میرے گمان مین یہ شخص ہماری گورنمنٹ کا بڑا خیرخواہ تھا اور اُسکی ہمت بھی بہت دلیر تھی کیونکہ اُسکو خبر پہونچ چکی تھی کہ یہان سے آٹھ میل ورے پٹیالی مین فلپ صاحب اور بریلی صاحب دونون اکٹھے ہین

اور بہت سوار اُنکے ساتھ ہین اور بہت جلد ضلع کا انتظام شروع کرنے والے ہین ہم یہ خبر سُنکر نہایت خوش ہوا اور فوراً فلپ صاحب کے پاس ایک قاصد بھیجا۔

بداؤن کے حادثے کی اُنکو اطلاع کی اور یہ لکھ بھیجا کہ ہم شام تک آپ سے آملینگے شام کے پانچ بجے فلپ صاحب کے پاس سے ایک نہایت دل شکن جواب آیا کہ ہم تو صرف چند سوار اپنے ساتھ لائے ہین اور صلاح یہ ہے کہ آپ بھی جلد ہم سے آملین کیونکہ ہمارا ارادہ یہ ہے کہ فوراً آگرے کو روانہ ہون ہم نے ان خبرون کو گڑھی کے لوگون سے کہنا مصلحت نہ سمجھا اور ہم فوراً وہان سے رخصت ہوے سات بجے کے قریب پٹیالی جا پہونچے مین نے براملی صاحب کو بہت ہی دل شکستہ پایا اور یہ بات کچھ مستبعد نہ تھی کیونکہ انھون نے مجھسے کہا کہ ہمکو تحقیق خبر ملی ہے کہ اودھ لوکل نام رسالے کے سوارون نے جو لکھنو سے ہماری مدد کو بھیجے گئے تھے کُل اپنے افسرون کو راہ مین مار ڈالا اور دہلی کو چل دیے اور گارد جو ہمارے ساتھ ہے اسمین مختلف پلٹنون کے رخصتی ساٹھ آدمی ہین جو سب گھرون سے بلوائے گئے ہین یہ لوگ ہرگز قابل اعتماد نہین ہین بلکہ انپر باغیان اودھ سے سازش رکھنے کا شبہ ہے خدا جانے کسوقت پھر پڑین اور ہمکو مار ڈالین ہم تیسری اور چوتھی تاریخ دو دن پٹیالی مین ان لوگون کے ساتھ بہت ہی دگدی سے رہے۔ پانچوین تاریخ سوارون کے ایک بڑے گروہ سے اسطرح پیچھا چھڑایا کہ بہانے سے انکو تخمیناً بیس ۲۰ میل دور ایک تحصیلداری کے پہرہ دینے کے لیے بھیج دیا جسمین بہت سا سرکاری روپیہ تھا ہمنے پیچھے سُنا کہ ان لوگون نے وہان پہونچتے ہی روپے پر قبضہ کر لیا اور کچھ تو اپنے گھرون کو چلدیے اور کچھ باغیون سے جا ملے۔ لیٹرٹ کے رسالے کا ایک پُرانا رسالدار اور کم و بیش بیس ۲۰ سوار جنکی نسبت اُسکا یہ مقولہ تھا کہ ان لوگون کی

وفاداری قابل اعتماد ہی بس اسی قدر آدمی ہمارے ساتھ رہے ۔ مین اس بڈھے
عہدہ دار سے جسکو اب سنتا ہون کہ نواب فرخ آباد کا مخصوص بالعنایت ہی اور انکے
سوارون پر افسری کرتا ہی سوجبات ناراضامندی افواج ہندوستانی اکثر پوچھا کرتا تھا
اُسنے کارتوس یا خوف تعرض مذہبی کا کبھی نام بھی نہین لیا بلکہ غدر کو اس امر کی طرف
منسوب کیا کہ سپاہ قوانین سرکار سے نہایت بیدل ہی جنکی رو سے رخصتین کٹ
گئین استحقاق گھٹ گئے جو سپاہی رضا لیکر گھر جاتے ہین اُنسے راہ مین پلون اور سرکاری
سرایون کا محصول لیا جانے لگا حالانکہ سپاہیون کا بیڑا مخصوص و مستثنی متصور ہو کر ان
لوازمات سے مرفوع القلم رہا ہی اور علاوہ اسکے سپاہیون کو اپنے گھرون سے بڑی دور
رہ کر نوکری بجانی پڑتی ہی ۔ پانچوین تاریخ دن ڈھلے فلپ صاحب کے پاس اس مضمون
کا ایک گمنام نوشتہ آیا کہ دس میل دور ایک مقام پر تخمیناً دو ہزار باغی ہین انکا ارادہ ہی کہ
کل صبح پٹیالی پر حملہ کرین کیونکہ انھون نے یہ سن پایا ہی کہ حکام ضلع وہان جمع ہین اور
انکے ساتھ بڑا بھاری خزانہ ہی ۔ اس خبر کے آتے ہی دفعتہً آگرے چلنے کی صلاح ٹھہری اور
تیاریان ہونے لگین کہ دس بجے رات کو چاند کے اگالی لیتے ہی یہان سے چل دیجیے ۔

اُسی وقت احباب بداؤن مین سے ایک دوست کا خط میرے پاس آیا انھون نے
لکھا تھا کہ باغی شہر کو جلا مکانات کو مسمار کر خزانہ لدوا یہان سے کوچ کر بریلی کو لوٹ گئے
اور باصرار تمام لکھا تھا کہ اب یہان کسی طرح کا اندیشہ نہین آپ بے تامل چلے آئیے مین نے
اُسکے جواب مین لکھ بھیجا کہ مین آنے کو آمادہ ہون لیکن اس صورت سے کہ بقدر کفایت
کچھ لوگ آئین اور مجکو بحفاظت کنار گنگ تک لے جا کر بداؤن پہونچائین اور جب تک
مین ان لوگون کے آنے کی خبر نہ پاؤنگا یہین پٹیالی مین مقیم رہونگا ۔ اس قاصد کے ہاتھ

مین نے نینی تال اپنی میم صاحبہ کے نام بھی ایک چٹھی روانہ کی اسمین یہان کا حال اور یہ
کہ مین اب تک سلامت ہون سب لکھ دیا لیکن فلپ صاحب اور برائلی صاحب دونون نے
مجکو باصرار تمام بداؤن واپس جانے سے منع کیا اور باعث ہوئے کہ آپ ہمارے
ساتھ چلیے یہان تک کہ مجکو انکا کہا ماننا پڑا اور مین نے اپنا عزم فسخ کیا ہم روانہ ہوئے
سوارون کو بسرکردگی رسالدار آگے رکھا اور نیم مسلح ٹھاکرون کو انکے پیچھے اور سب کے
پیچھے ہم آپ رہے کیونکہ ہمکو یہ ڈر لگا ہوا تھا کہ کیا عجب ہے سوار راہ مین کھوٹ کرین اور ہمپر
حملہ کر بیٹھین اسی نظر سے ٹھاکرون کو انکے اور اپنے بیچ مین رکھا تا اگر وے ہمپر حملہ کرنا بھی چاہین
تو بالضرور پہلے ٹھاکرون کے غول مین ہوکر آوینگے اور اس ڈھب سے ہم انکے ارادے
آگاہ ہوجائینگے چار میل کے قریب چلنے کے بعد ناگاہ ایسا معلوم پڑا کہ جس امر سے ہم ڈر رہے تھے
شاید درحقیقت پیش آیا اور یکایک ہم پر حملہ ہوا چاہتا ہے اس لیئے کہ لوگ چلتے چلتے یکبارگی ٹھہر گئے
اور اگلے لوگون مین غل مچا اور کھلبلی پڑی اسکا سبب یہ ہوا تھا کہ ایک سوار کا گھوڑا کہ شریر اور
الھڑ تھا اُس سوار کو پھینک کر ہماری طرف لپکا اور سوارون اور پیدلون مین ادھر اُدھر بھاگا
بھاگا پھرا یہان تک کہ ایک سوار کے گھوڑے پر جا گرا اُس سوار نے ایک برچھی صحیح
کی تب ٹھہرا سواے اسکے اور کہین کچھ اٹکاؤ نہین ہوا ہم تمام رات چلا کیے صرف دو
یا تین دفعہ گھوڑون اور آدمیون کے دم لینے کی خاطر ٹھہرے صبح کے نمودار ہونے ہی
دیکھا کہ ہم سڑک کلان سے پانچ میل کے قریب دور ایک چھوٹی سی گڑھی کے پاس ہین
گڑھی والون نے اندر سے ڈانٹا کون ہو کھڑے رہو نہین تو باڑھ جھونک دینگے مالک
گڑھی ہمارے اپنے زمیندارون مین سے تھا اور حسن اتفاق سے برائلی صاحب کے
ساتھ معرفت سابقہ رکھتا تھا پہلے اُنسے بات چیت ہوئی پھر اُسنے ہمکو اجازت دی کہ اندر

آیئے اور ٹھہرے اُسی وقت ہمنے ایک آدمی دوڑایا کہ دیکھو سامنے مین لیہری کی راہ
جدھر کو ہم جایا چاہتے ہین صاف ہی یا نہین جو آدمی خبر لینے بھیجا گیا تھا جلد لوٹ
آیا اور یہ ہولناک خبر لایا کہ باغیون کا ایک گروہ کچھ سوار کچھ پیادے دہلی کو جاتے ہین
اور بہت قریب پڑے ہین اور سامنے کی سڑک کو بالکل روک رکھا ہی ہم فوراً باہم
صلاح کرنے لگے کہ کدھر کو چلین اور زمیندار متقاضی تھا کہ آپ فوراً اگڑھی سے چلے
جایئے مین ڈرتا ہون کہین ایسا نہو باغی آپ لوگون کا یہان ہونا سُن پائین اور فوراً اگڑھی
آگھیرین پہلے تو ہمنے یہ تجویز کی کہ گروہ باغیان کے سامنے ہو کر سڑک اُتر لین کیونکہ ہمکو
اپنے گھوڑون کی تیز روی پر اتنا اعتماد تھا کہ اگر بالفرض تعاقب بھی ہوگا تو ہم ہاتھ نہ آئینگے
لیکن صلاح کرنے سے وہ تجویز بہت خطرناک معلوم ہوئی اور یہ ٹھہری کہ پچھلے پانون
لوٹ کر شام تک کسی گانون مین رہین رات کے وقت ان سوارون سے کترا کر اور
بچا کر مین لیہری ہوتے ہوئے آگرے بھاگ جائینگے جب ہم اُس گانون کے نزدیک آئے
جہان ہمنے ٹھہرنے کا ارادہ کیا تھا یہ مناسب معلوم ہوا کہ پہلے ایک سوار کو بھیج کر
دکھلا منگائین کہ اُس گانون مین باغی تو نہین ہین تب تک ہم ایک باغ مین گانون سے
ایک میل دور ٹھہرے اُس باغ مین ہم لوگ باہر سے نظر نہین آتے تھے بہت اچھا
ہوا کہ ہمنے ایسی پیش بینی کی کیونکہ ہمارا قاصد دم کے دم مین واپس آیا اور کہا کہ دو سو
باغی گانون کے اندر ہین یہ وہی لوگ تھے جنکو سنا تھا کہ پٹیالی ہمارے محل اقامت پر
حملہ کیا چاہتے ہین یہی لوگ اپنی راے بدل کر ادھر کو چلے آئے تھے اس خبر کے سبب ہمکو
اپنی تجویزین بالکل بدل ڈالنی پڑین اب یہ صلاح ہوئی کہ جنگل قطع کرتے ہوئے پٹیون
کی راہ پٹیالی لوٹ چلین رسالدار اور اُسکے سوار بہت بیدل ہو گئے تھے اور غالباً

اس وجہ سے کہ ہمنے ٹھاکر کے پیادون کو کہ شب روی سے تھک کر چور ہوگئے تھے
رخصت کر ہی دیا تھا یہ بہتر معلوم ہوا کہ کہین ان لوگون سے بھی نجات حاصل کیجیے
اسلیے برائلی صاحب نے بڈھے رسالدار کو بلایا اور کہا تمھاری یا تمھارے آدمیون
کی ہمکو ضرورت نہین اب تم لوگ چاہو فرخ آباد لوٹ جاؤ جہان سے آئے تھے یا کسی اور
طرف جدہر دل مین آئے چلے جاؤ اُسوقت ان لوگون کو دیکھے سے بڑا ڈر لگتا تھا ایسا معلوم ہوتا
تھا کہ تردد مین کیا کرین ہم پر جھک پڑین اور تہس نہس کر ڈالین یا چھوڑ کر چلے جائین ایک لمحہ
باخود باشوره کرتے رہے سہمون کے مارے ہمارا دم فنا ہوا جاتا تھا آخر کار باگ اٹھا چلدیے
اور ہماری جان چھوٹی ہم آگے بڑھے اور جون ہی سوار ہماری نظرون سے غائب ہوئے ہمنے
دوسری راہ لی اس خیال سے کہ اگر یہ لوگ ہمارا تعاقب بھی کیا چاہین تو ہمکو پکڑ نہ سکین ہم صبح کے
چھ بجے سے دن ڈھلے تک چلے گرمی اور غبار کے مارے بالکل تھک کر ایک چھوٹی سی
جھونپڑی پر پہونچے یہان ایک بڈھے تلنگے نے جو سرکار سے پنشن پاتا تھا ہماری حالت پر
بہت ترس کھایا ہمنے اُس سے پانی مانگا تھا وہ بجاے اُسکے دودھ اور چپاتیان لایا
اُس لجلجاتی حالت مین ہمکو نہایت لذیذ معلوم ہوئین ہمنے ایک گھنٹہ یہان دم لیا چلتے ہوے
اُس تلنگے کو اُسکی مدارات کے بدلے تھوڑا سا روپیہ دینے لگے اُسنے لینے سے انکار بحت کیا اور
اصلی مغموم صورت بنا کر کہا کہ آپ جنگلون مین مارے مارے پھرتے ہین میرا گھر ہی میری بہ نسبت
آپ کو اسکی زیادہ ضرورت ہی لیکن اگر کبھی آپ کا راج پھرے تو میرا اور اس خدمت مختصر کا
جو مجھ سے بن پڑی خیال رکھیے گا ہمنے وعدہ کیا کہ ہان ایسا ہی ہوگا اور اُس سے
رخصت ہوے یون ہی جنگل طے کرتے ہوے دن ڈوبے پٹیالی پہونچے تھک کر نہایت چور
ہوگئے تھے اسلیے کہ رات کے دس بجے سے لیکر اب تک بیس ۲۰ گھنٹے سے بھی زیادہ برابر گھوڑون کی

پٹیٹھر پر گذرے براِلی صاحب اور فلپ صاحب نے یہ تجویز کی کہ یہان ایک دن ٹھہرین
اور گھوڑون کو آرام دیوین اور آگرے پہونچنے کا پھر ایک مرتبہ ارادہ کرین اُسوقت ہم لوگون کو
یہ خیال ہوا کہ اکٹھے رہنے کی بہ نسبت متفرق ہو جانا اچھی صلاح کی بات ہے بچاؤ کی یہی صورت ہے
چونکہ مین اُن لوگون کو جو میرے ساتھ ہو لیے تھے چھوڑ نہین سکتا تھا اور مجکو یہ بھی نامناسب
معلوم ہوا کہ براِلی صاحب اور فلپ صاحب کے ساتھ رہ کر اُنکے لیے ازدیاد خطر کا باعث ہون
اسی لیے مین نے یہ تجویز کی کہ اکیلا اُن دونون کو آگرے چلا جانے دون اور اپنے ساتھیون
سمیت خود بداؤن لوٹ چلنے مین کوشش کرون اور اگر بن پڑے تو اُس ضلع مین ہو کر پہاڑ
کی راہ لون اسی لیے دونون ڈونلڈ صاحب اور گبسن صاحب اور مین ۷ - جون کو دن کے
۱۱ - بجے قادر گنج لوٹ جانے کی نیت سے پٹیالی سے روانہ ہوے جب مین فلپ صاحب سے
رخصت ہونے لگا اُنھون نے کمال شوق سے اسطور پر یہ بات کہی کہ مجکو یقین کُلی اور
پورا بھروسا ہے کہ ہم پھر بھی ملینگے کہ مجکو اُنکے اور اپنے باب مین اُسوقت ایک اطمینان سا
ہو گیا چند آدمیون نے رات کے وقت کسی بڑے گانون کو تاخت و تاراج کیا تھا یہ لوگ
اُسی کی لوٹ سے لدے ہوے اُسوقت سڑک اُتر رہے تھے ہم انکی بھیڑ مین ہو کر بے روک
ٹوک نکل گئے جتنے گانون مین ہو کر ہم گذرے دیکھا کہ وہان کے لوگ غول باندھ باندھ
ناکون پر جمع ہین جب ہم پاس پہونچتے بڑی النسانیت سے ہمارے پاس آتے اور نہایت
شوق سے پوچھتے کیون صاحب تمھارا راج کب پھریگا دس دن مین یا پندرہ دن مین ڈاکے کے
ڈر کے مارے سدا چوکس اور چوکنے رہنے سے ہم عاجز آ گئے ہین اور ہمارا دم ناک مین ہے اور امن چین
کی راہ تک رہے ہین - دن ڈھلے چار بجے کے وقت ہم قادر گنج پہونچے زمیندار نے جسکے گھر ہم پچھلے
دو دن مہمان رہ گئے تھے اخلاق سے لیکن نہایت سرد مہری کے ساتھ ہمکو اُتارا

بریلی کا باغی ہوا اور اُس رجمنٹ کی بغاوت جو برایلی صاحب کی مدد کو آئی تھی وہ سن چکا تھا اور اس خبر کا اثر اُسکے چہرے سے ظاہر تھا لیکن اُسنے کہا کہ مین آپ کو اور آپ کے گھوڑون کو بداؤن کے طرف دریا کنارے تک پہونچا دینے کے لیے ایک کشتی موجود کر دونگا ہمارے بیٹھنے کے تھوڑی دیر بعد خبر ہوئی کہ حملہ ہوا سب لوگ لپک کر اوپر چڑھے کہ وہین مقابلے کے لیے جمع ہو کر کھڑے ہون ایک گھنٹے کی انتظار سخت کے بعد یہ خبر آئی کہ جن لوگون کے حملے کا خوف تھا قریب کے کسی گانؤن کو لوٹنے چلے گئے وے لوگ کہ شمار مین کئی ہزار ہونگے ہمسے ایک میل کے فاصلے سے ہو کر گذرے ہم تو گھر کے اندر بیٹھے تھے اور دریا اُتر جانے کو چلنے والے تھے کہ اتنے مین باہر والے مکان مین کوئی مسافر آیا لوگون نے اُس سے حال پوچھا جب شہر کون سے ہو کر وہ آیا تھا اُنکا اُسنے بہت ہی خراب حال بتایا کہ تمام گانؤن لوٹ لیے گئے ہین اور اکثر پھونکے پڑے ہین سوارون کی ایک بڑی جماعت کل کے دن کلکٹر کی (یعنی میری) تلاش مین لگورہ مین پڑی ہوئی تھی (یعنی اُس گانؤن مین جہان ہم یکم جون کی رات کو رہے تھے اور اب پھر وہان جانے کے عازم تھے) اور اب اُسکے ایک سامنے والے گانؤن قادر گنج مین ہی۔

ان خبرون کے معلوم ہونے سے یہ صلاح ٹھہری کہ مین جہان ہون اگلے دن تک مقیم رہون یا اگر ہو سکے بداؤن سے کچھ خبر منگاؤن کہ ضلع کا حال کیا ہی کسی ڈھب سے صحیح سلامت اُنہین ہو کر گذر ممکن ہی یا نہین اسی نظر سے مین نے ایک شخص کے نام جسکو مین جادۂ وفاداری پر ثابت قدم سمجھتا تھا ایک چٹھی روانہ کی اور اُنکو لکھا کہ جواب جلد بھیجیے۔ مجکو امید ہی کہ یہ چٹھی اگلے دن صبح کے وقت اُنکے پاس پہونچی ہوگی۔ لیکن قاصد لوٹ کر نہین آیا خدا خدا کرکے دن گذرا شام ہوتے ہی ہمارا میزبان جو اتنے عرصے تک ہمارے قیام کرنے سے یہان تک ناخوش تھا کہ کھانا بھی ہمکو بڑی مشکل سے دیا تھا یہ کہنے آیا کہ آپ لوگون کے

واسطے گنگا پار اُتر جانے کے لیے کشتی موجود ہی جھٹ پٹ چلیے اب اسکا کیا علاج تھا ہم سوار ہو
اور چلے گنگا کے کنارے پہونچ کر دیکھا کہ جو کشتی ہمارے لیے مہیا کی گئی تھی نہایت چھوٹی تھی اُسمین
ہمارا ایک گھوڑا بھی نہین سما سکتا تھا اور اسی وجہ سے عبور نا ممکن تھا مجبور ہو کر پھر اُسی زمیندار
کے گھر آنا پڑا ہمارے واپس آنے پر وہ بہت چڑچڑایا لیکن آخر کار ہم نے ٹھنڈھا کیا اُسنے ہمکو
نہایت استواری سے یہ صلاح دی کہ آپ دریا اُتر کر بدایون جانے کا خیال چھوڑ دیجیے —
فرخ آباد جائیے یہان سے وہ شہر ساٹھ میل ہے چندان دور بھی نہین سڑک بھی خوب صاف ہے
اور وہان اب تک امن ہے اُسنے ہم سے کہا کہ مین اس سبب سے یقین کرتا ہون کہ وہان اب تک
بلوا نہین ہوا کہ وہان کے جیل خانے مین کئی آدمی یہان کے قید ہین اگر جیل خانہ ٹوٹا ہوتا تو
وے لوگ اب تک کبھی کے اپنے گھرون مین آ گئے ہوتے۔ ہم بالکل ناچار تھے یہی تجویز ہوئی کہ
اسی کی صلاح پر چلنا چاہیے اگر مین بدایون اُتر جاتا تو کیا کچھ میری گت نہ ہوئی ہوتی کھمان سنگھ
مشیر جینا تھ کے قاصد نے مجھ سے بیان کیا کہ وہ چٹھی جو آپ کو بدایون لوٹ آنے کی ترغیب
دینے کے لیے پٹیالے مین آپ کے پاس پہونچی تھی سپاہیون کی ایک دغا تھی تاکہ آپ کو
پکڑ پائین اُنھون نے اسی نظر سے باسید آپ کے اس پار اُتر آنے کے دریا کنارے سوار
بھیجے تھے کہ آپ کے پہونچنے کے منتظر رہین اور اُترتے ہی کام تمام کر دین۔ وے اس سبب سے
مجھ پر بہت بپھرے ہوے تھے اور میری جان کے لاگو تھے کہ میرے خزانے مین اُنکو سات لاکھ
روپے ملنے کی امید تھی بجاے اسکے وہان کل ڈیڑھ لاکھ پایا اُنکو یہ معلوم ہو گیا تھا کہ مین نے
زمینداروں سے قسط کا روپیہ باین خیال لینے سے انکار کیا کہ غالبًا یہ باغیون کے ہاتھ
لگیگا اور اسی سبب سے خزانے مین روپیہ کم تھا اُس زمیندار نے راہ بتانے کے لیے اپنے
دو پیادے ہمکو دیے ہم کئی گانوٴن مین ہو کر گذرے لیکن کوئی ہمارا مزاحم نہین ہوا آخر کار آدھی رات کے

قریب ہمارا رہبر جو ہمارے آگے آگے چلتا تھا یکایک ٹھہر گیا اور ہمکو کھڑے ہو جانے کا
اشارہ کیا ہم بھی ٹھہر گئے اُسنے بہت پاس آکر چپکے سے لوگون کا ایک بڑا غول دکھلایا
کہ ظاہر نظر سے دو ڈھائی سو اور تین سو کے بیچ مین ہونگے چند درختون مین ہمارے بائین ہاتھ
تھوڑے ہی فاصلے سے ایک نشیب مین بیٹھے تھے ہم سمجھے کہ وے سب سوتے ہین اور ہم
بیخبری مین اُنسے نکل جائینگے کہ ناگاہ وے سب کے سب مثل جسد واحد معاً اُٹھ کھڑے ہوے
اور ہماری طرف آئے بھاگ جانے کا قصد تو بے فائدہ تھا کیونکہ اس صورت مین ہمارے رہبر سے
چھوٹ جاتے ہم سوار تھے وہ پیادہ تھے پس ہم کھڑے ہو گئے۔ مین نے رہبر سے کہا کہ آگے
جاکر اُنسے ملو اور ہمارا حال اُنکو جتادو۔ وہ بڑا چالاک آدمی تھا کیونکہ مین نے فوراً سُنا کہ وہ کہہ رہا تھا
ہم صاحب لوگ ہین کچھ سوار فرخ آباد سے انتظام بٹھانے کو آرہے ہین ہم اُنسے ملنے اور اُنکو لانے
کے لیے جاتے ہین گانوٴن والے یہ خبر پاکر بہت خوش معلوم ہوے اور ہمکو جانے دیا یہ لوگ لکار سُنکر
جسکا ذکر مین لکھ آیا ہون ڈاکے کے ڈر سے بطور اگلے پکٹ کے گانوٴن سے ایک میل نکل کر پڑے تھے
یہ خبر سُنکر کہ سوار انتظام بٹھانے کو آتے ہین اور پھر بندوبست ہو جانے کی اُمید ہے نہایت خوش ہوے
اور ہمارے رہبر نے اُنکو خوب دھوکا دیا اُن لوگون سے آگے بڑھ کر گانوٴن ملا اُسمین آدمی تو بھرے
پڑے تھے لیکن وہ تو ہم سے بیخبر ہوے نہ ہمکو روکا کیونکہ ہم تو اُنکے پکٹ مین ہوتے ہوے آگئے تھے رات کے
دو بجے کے قریب ہمارے رہبر ہمکو فرخ آباد کی سیدھی سڑک پر کرکے ہم سے رخصت ہوے اور ہم آہستہ
آگے بڑھے صبح نمودار ہوتے ہی ہم یہ دیکھ کر دھک سے رہ گئے کہ سڑک کی دہنی طرف ایک میل کے
فاصلے پر فوج پڑی ہے خیمون کی کثرت اور منتظم قطارون مین اُنکے استادہ ہونے سے یہ معلوم ہوتا تھا کہ
بہت لوگ ہین لیکن نہ تو سنتری تھے نہ کسی جیتے جاگتے کی آہٹ آتی تھی ہم بے تعرض چلے گئے۔ تمام رات
چلنے کے بعد کہ راہ مین صرف دس منٹ کے واسطے گھوڑون کو پانی پلانے کے لیے ایک دفعہ ٹھہرے تھے

صبح کے آٹھ بجے پٹھانون کے ایک بہت بڑے گانوُن مین پہونچے جسکو قائم گنج بولتے ہین
یہان سرکاری تحصیلداری تھی ہم مکان تحصیل مین چلے گئے اور تحصیلدار کو بلوایا وہ بڑی
دیر کے بعد آیا دیکھا تو ایک بوڑھا پھوہڑ آدمی تھا لیکن دل سے بڑا بھلا مانس جیسا کہ ہمکو بعد
ازین معلوم ہوا کیونکہ خدا کی قدرت سے اس مقام مین ہماری جانین بچنے کا وہ بڑا سبب ہوا
جسوقت وہ آیا ہمارے گرد اگرد بڑی بھیڑ اکٹھی ہو گئی تھی تحصیلدار نہایت گھبرایا ہوا معلوم
ہوتا تھا کہ کسی طرح ہم تحصیلداری چھوڑ کر اُسکے ساتھ یار نواب احمد زور خان کے مکان پر چلیں کہ
وہ دباؤ والا رئیس اور اس موضع کا صدر مالگزار ہی تحصیلدار نے کہا کہ نواب آپ کی ملاقات
سے بہت خوش ہوگا اور وہ آپ کو پناہ بھی دے سکتا ہی کیونکہ اُسکا گھر ایسے باغ مین واقع ہی
جسکے گرد اگرد چار دیواری ہی - اُسکے کہنے کے بموجب ہم وہان کو چلے وہ باغ تحصیلداری سے
تخمیناً ایک میل دور تھا جب ہم وہان پہونچے تو ہم سے کہا کہ جب تک نواب صاحب
آپ کی ملاقات کو تشریف لائین آپ یہان بیٹھیے - ہم درختون کے سایے مین بیٹھ گئے
کیونکہ گرمی اُسوقت سخت تھی فوراً نواب کا بھائی تین آدمی ساتھ لیے کہ سب کے سب
دونالی بندوقین باندھے ہوے تھے ہمکو دیکھنے آیا اور افیون کی پینک مین از خود رفتہ تھا
اور گستاخی اور برافروختگی اُسکے انداز سے معلوم ہوتی تھی اُسنے ہم سے پوچھا آپ کون ہین
مین نے کہا مین بدایون کا کلکٹر ہون اور اور صاحب لوگ نیل والے صاحب ہین اور
ایک پرمٹ کے گردآور - اُسنے میری طرف مخاطب ہو کر کہا آپ کو تو مین جانتا ہون اور
آپ کو پناہ دونگا کیونکہ آپ سرکاری حاکم ہین لیکن ان لوگون سے مین واقف نہین ہون
اور نہ مجکو اُنسے کچھ سروکار ہی - مجکو ظن غالب ہوا کہ یہ شخص نشے کے سبب اپنے آپے سے
خارج ہی کیا عجب ہی کہ میرے ساتھیون کو دفعۃً گولی مار بیٹھے اور ان بیچارون کو بھی

بالکل پاس تھی کہ وہ اُنکے گولی مار دیگا لیکن حسنِ اتفاق سے ایسے موقع پر نواب صاحب
خود برآمد ہوئے اُنکے آتے ہی اُنکے بھائی صاحب اُٹھ کر چل دیئے نواب صاحب مہربانی اور
اخلاق سے پیش آئے - لیکن ایسا معلوم ہوتا تھا کہ ہمارا گھر مین جانے دینا انکو پسند نہین ہے
مین نے کہا کہ ہم نہایت تھکے ہوئے ہین تمازت آفتاب سے ہمکو سخت تکلیف ہوتی ہے کیونکہ
سایۂ درختان کی پناہ بکتفی نہین ہے یہ شنکر تھوڑے تامل کے بعد اُنھون نے ہمکو گھر مین جانے کی
اجازت دی مین نے اُنسے کہا کہ ہماری خواہش یہ نہین ہے کہ آپ کے پاس ٹھہرین بلکہ ہم یہ
چاہتے ہین کہ فرخ آباد کی طرف بڑھے چلے جائین آپ سے صرف اتنی ہی امید ہے کہ ایک کشتی ہم
لوگون کو بہم پہونچا دیجیے کہ ہم اپنے گھوڑون سمیت اُسمین بیٹھکر فرخ آباد کو روانہ ہون اُسنے
وعدہ کیا کہ مین آپ کی مدد کو موجود ہون اور ایک قاصد نواب وِلہادار نامے اپنے ایک رشتہ دار
کے پاس روانہ کیا جو یہان سے آٹھ میل کے فاصلے پر گنگا کے قریب ایک گانون مین رہتے تھے
جسکو شمس آباد کہتے ہین ہمکو یقین ہوا کہ نواب وِلہادار دن ڈھلے تک ہمارے لیے ایک کشتی
بہم پہونچا رکھینگے - پھر ہمکو بالاخانے پر لے گئے اور کچھ کھانے کو دیا میرے دو خدمتگارون
کو ہمارے ساتھ نہین آنے دیا تھا وے لوگ گھوڑون کے پاس نیچے صحن مین رہے ہم کھانا
کھا رہے تھے کہ اتنے مین ایک قاصد اندر آیا اور نواب کے ساتھ جو ہمارے پاس بیٹھا تھا کچھ سرگوشی
کی نواب کا چہرہ اُن باتون سے فوراً متغیر ہوگیا اور نواب یہ کہکر اُٹھ کھڑا ہوا کہ آپ ابھی وقت شمس آباد
روانہ ہوجیے اور مین آپ کو ساتھ لے جانے کے لیے بسبر گردگی ملتان خان اپنے رشتہ دار کے پانچ
سوار دیتا ہون یہ ملتان خان ایک بڑا خوشرو اور طاقتور پٹھان تھا اُسکی عمر چالیس اور پچاس
برس کے بیچ مین ہوگی اور وہ بھی ہمارے پاس بیٹھا تھا قبل اسکے کہ ہم نواب سے رخصت
ہون اُسنے مجھ سے کہا کہ مجکو اس مضمون کی ایک چٹھی دیجیے کہ مین نے آپ کی مدارات اچھی طرح سے کی

اور آپ کو نگہبانی کے لیے آدمی ساتھ دیے - اس طرح کی درخواست ہمیشہ دغا کی پیش بندی ہوتی ہی کیونکہ جن لوگون کو ایسی چٹھیان دی گئین ہین وے سمجھتے ہین کہ ان چٹھیون کا پاس ہونا اُنکو تمام الزامون سے بری کر دیگا چٹھی دینے والون کو جو کچھ پیش آئے اُنکی بلا سے -

لیکن مین چٹھی دینے پر مجبور تھا جب ہم دروازے کے باہر نکلے ملتان خان نے میرے کان مین کہا کھیتون مین ہو کر چلنا اور تمام گانؤن سے کترا کر نکلنا آپ لوگون کے حق مین بہتر ہی اور یہ کہکر اُسنے تیز لویہ اُٹھایا - چار میل کے قریب چل کر ہم کھڑے ہوئے تاکہ اونٹ جسپر گبسن صاحب اور وزیر سنگھ سوار تھے آ ملے یہ لوگ اور بڑے ڈونلڈ صاحب بھی جو گھوڑے پر سوار تھے بہت پیچھے رہ گئے تھے جب ڈونلڈ صاحب پاس آئے تو اُنھون نے مجھ سے کہا کہ مین نے کچھ ایسا سُنا ہی کہ ایک ہی جگہ ہمارا گنج شہیدان ہوگا - وزیر سنگھ کہتا ہی کہ مین نے نواب کے آدمیون اور ان سوارون کو جو ہمارے ساتھ ہین قبل اسکے کہ ہم قائم گنج چلین کہتے سُنا کہ کشتی پر سوار ہوتے ہی ان سب کو قتل کر دینا چاہیے - مین گبسن صاحب کے اونٹ کے پاس گیا اور وزیر سنگھ سے دریافت کیا اُسنے مجھ سے کہا کہ مین نے جو بات سُنی ہی اُس سے تو ایسا ہی یقین ہوتا ہی کہ اُنھون نے ہم سب کو قتل کرنے کی فکر کی ہی - بےشک مین یہ سنکر تھرا اُٹھا لیکن ہم کیا کر سکتے تھے مین نے ڈونلڈ صاحب کو اتنا ہی جواب دیا کہ ہم ناچار ہین انھین سوارون کے ساتھ چلے چلنا چاہیے اور انکی وفاداری پر کسی طرح کا شک ظاہر کرنا خلاف مصلحت ہی رہا بچاؤ اُسمین خدا پر بھروسا رکھو دس منٹ کھڑے رہ کر ہم نے پھر لویہ اُٹھایا ملتان خان آگے آگے چلتا تھا - تھوڑی دیر بعد نواب دولہا کے مکان پر پہونچے

ایک ہندو نے جو نواب کا کارندہ تھا اور کھلے ہوے برامدے مین بیٹھا ہوا کچھ لوگ اُسکو گھیرے ہوے کام کر رہا تھا ہمکو بہت خاطرداری سے لیا - اس کارندے اور نواب مین

اُسی وقت بہت سے پیغام آئے گئے اور آخر کو خود کارندہ گھر کے اندر اپنے آقا سے
بات چیت کرنے گیا مین نے موقع پاکر نواب کو اپنا سلام کہلا بھیجا اور خیر و عافیت پچھوائی
اور یہ کہلا بھیجا کہ ہم آپ کی ملاقات کے آرزومند ہین اور فرخ آباد جانے کے لیے ایک کشتی
بہم پہونچانے سے ہماری مدد کیجیے - وہ آدمی جلد واپس آیا اور یہ کہا کہ نواب آپ کی ملاقات
نہین کیا چاہتے ہین تو اسکو بڑی بدشگونی سمجھا لیکن کشتی مہیا ہونے کے ساتھ ہی آپ کو
ملیگی تب اُسنے کہا کہ اپنی تشریف آوری کا حال کوتوال فرخ آباد کو بھی لکھ بھیجیے اور اُسنے ایک
پروانہ میری طرف سے لکھا اور دستخط کرنے کو میرے سامنے پیش کیا مین نے اپنی مُہر کی انگوٹھی
نکالی تا اُسپر ثبت کرون بعض لوگون نے کہا کیون صاحب آپ کی انگوٹھی ذرا ہم دیکھین مین نے
ویسے دی وہ ہاتھون ہاتھ خوب گھومی تھوڑی دیر تک سب لوگون نے اُسکو بغور دیکھا بھالا
پھر مجکو دے دی اُسوقت اپنے چہرون کو ہشاش بشاش رکھنا ہم پر دشوار تھا لیکن زبردستی
مُنہ بنانا پڑتا تھا اور ہم اُن لوگون کے ساتھ بکشادہ پیشانی گفتگو کرتے تھے ایک گھنٹہ
بیٹھنے کے بعد ہم بُلائے گئے کہ نواب کے ایک بنگلے مین (جو انگریزی طور پر بنا تھا اور آراستہ
کیا گیا تھا) چل کر ٹھہریے اور کشتی مین چلنے سے پہلے تھوڑا سا آرام کر لیجیے ہندو کارندہ اور
ملتان خان اور ہمارے سوار اس بنگلے مین ہمارے ساتھ آئے اور ہمارے پاس بیٹھ گئے
حُسن اتفاق سے مین نے اُبالے ہوئے کچھ انڈے کھا لیے کہ اگلے چھ پہر تک مجکو انکے سبب
تقویت رہی مین قریب تھا کہ لیٹون اور کچھ آرام لون کیونکہ مین تھک کر چور ہو رہا تھا
اتنے مین ملتان خان آیا اور یہ کہنے لگا کہ مجکو آپ لوگون پر دل سے رحم آتا ہے اس بات کے سُننے سے
مجکو شک پیدا ہوا اور مین نے پوچھا کیون اُسنے کہا کہ آپ لوگون کے واسطے کوئی کشتی
نہین ملتی اور فرخ آباد تک زندہ پہونچنے کی امید نہ رکھیے سڑکون اور گانون کا حال بہت

خراب ہی اتنے مین چھوٹے ڈونالڈ صاحب نے جو کھڑکی مین کھڑے ہوے تھے ڈری ہوئی
آواز سے مجکو پکارا کہ کھڑکی کے آس پاس ہتھیار بند آدمیون کی بڑی بھیڑ جمع ہوتی جاتی ہے
اور لوگ احاطے مین اکٹھے ہوتے جاتے ہین کارندہ بھی اُسوقت میرے پاس آکر کہنے لگا
کہ آپ اسی دم یہان سے روانہ ہوجیے اگر ذرا بھی ٹھہریے گا سب مارے جایئے گا۔ جدہر سے
آپ آئے ہین لوٹ جایئے۔ اور جو سوار آپ کے ساتھ قائم گنج سے آئے ہین اُنکا ساتھ
مت چھوڑیے ہمنے جھٹ پٹ گھوڑون کے کسے جانے کا حکم دیا اور سوار ہوے جب مین
احاطے سے باہر نکلا مین نے اپنے دونون خدمتگارون کو ادھر اُدھر دیکھا لیکن اُسوقت
بھیڑ اسقدر تھی کہ مجکو وے نظر نہ پڑے میرا دوسرا گھوڑا جسپر ایک میرا افغان نوکر سوار ہوتا تھا
دروازے مین کھڑا تھا ہمنے گبس صاحب کی منت کی کہ آپ اسپر سوار ہو لین لیکن چونکہ اُنکو
گھوڑے پر سوار ہونے کی مہارت کم تھی اُنھون نے پہلوتہی کیا اور اپنے اونٹ پر سوار ہوے
اُسوقت تک بھیڑ والون نے ہمسے کچھ تعرض نہین کیا اور ہمارے لیے راہ چھوڑدی چھوٹے
ڈونالڈ صاحب اور مین ملتان خان کے ساتھ آگے آگے جاتے تھے دو سو گز کے قریب
اُس مکان سے آگے بڑھ کر ہمنے دیکھا کہ سوارون کا ایک دستہ ایک باغ مین جو تھوڑی دور
ہمارے آگے تھا سڑک کے وار پار ہماری گھات مین قطار باندھے کھڑا ہی ملتان خان نے
اپنے گھوڑے کو اُلٹا پھیرا اور ہم سے کہا کہ جھٹ پٹ مکان کو لوٹ چلیے کیونکہ آپ لوگون کی
جان بچنے کی صرف یہی صورت ہے کسی آدمی کے آگے بڑھنے کا موقع نہین ہے یہ تو تصور باطل تھا
کہ ہم چار آدمی اُس غول مین ہوکر نکل جانے کا ارادہ کرتے پس مجبور ہوکر مکان کی طرف
لوٹے مین کچھ دور آگے اُس مکان کے احاطے کی دیوار کے برابر چلا جاتا تھا اور دروازہ تھوڑی
دور رہتا تھا کہ بلوائیون نے بےرحمی کے ساتھ للکارتے ہوے اور غل مچاتے ہوے ہم پر

گولیان برسانی شروع کین مین نہین جانتا کہ مین کسطرح بچ کر نکل آیا کیونکہ گولیان بالکل
میرے آس پاس ہوا مین آکر لگتی تھین لیکن میرا گھوڑا گولیون مین بگڑ گیا اور ایسا بے
تحاشا بھاگا کہ مین اور وہ دونون صاف بچ گئے۔ مین نے پیچھے پھر کر دیکھا کہ بڑے
ڈونلڈ صاحب کے سر پر ٹوپی نہین ہے اور بھیڑ سے نکل آنے کی کوشش کر رہے ہین اور
چند آدمی گبسن صاحب پر پلے ہوے تلوارون اور لٹھون سے انکو مار رہے ہین اُسوقت بلیتا خان
اور ہمارے ساتھ کے سوار بھی ہمکو جوانمقدر کر کے گھوڑے دوڑا چل دیے تھے مین نے
سوچا کہ انسے جا ملون مین نے بڑے ڈونلڈ صاحب کو پکار کر کہا کہ میرے ساتھ آیئے اور مین نے
اپنا پانچ نالی تمنچہ نکال لیا اور اپنے گھوڑے کو ناک کی سیدھ پر بھیڑ کے اندر اپنے مقدور بھر تیزی سے
بھگایا آدمی میرے دائین بائین پھٹتے گئے اور مین بیچارے گبسن صاحب کے پاس ہو کر
نکلا مجکو انکی وہ نگاہ حسرت آلود کبھی نہ بھولیگی کیونکہ وے اپنے تئین اُن بے رحمون سے
جو اُنپر پلے ہوے تھے بچانے مین بے فائدہ کوشش کر رہے تھے مین اُنکی کچھ مدد نہین کر سکتا
تھا مجھسے تو صرف اتنا ہی ہو سکتا تھا کہ اپنے گھوڑے کی تیزی اور توانائی کے آسرے
سے اپنے آپ کو بچاؤن دو یا تین دفعہ ایسا موقع ملا کہ مین اُن لوگون مین سے چند کو
گولی مار دیتا لیکن مین نے ضبط کیا یہ سمجھ کر کہ غالبًا پستول کی دھمکی ان لوگون کے
ڈرانے کو کافی ہے لیکن ایک دفعہ فیر کر دینے سے وے خیال کرینگے کہ اب تو مین اُنکا کچھ بھی نہین
کر سکتا فلا لحالہ مجکو آگھیرینگے جلدی سے مین شہر سے باہر نکلا اور پلتان نمان اور ساتھ والے
سوارون سے جا ملا کیونکہ وے لوگ اُسوقت کھڑے ہو گئے تھے چھوٹے ڈونلڈ صاحب
بھی میرے لگ بھگ مجھسے پیچھے آپہونچے اُنکے گھوڑے کی پچھلی پنڈلی کے قریب بندوق
کی گولی آ لگی تھی اور وہ سخت زخمی ہو گیا تھا لیکن صاحب بچ گئے اُنکے بیٹے بھی تھوڑی دیر بعد

آپہونچے شہر مین ہوتے ہوے اور اپنا گھوڑا ایک نالی پھندا کر جدھر لوگ انکا تعاقب
نہین کر سکتے تھے صحیح سالم نکل بھاگے ایسا معلوم ہوتا تھا کہ ملتان خان اور اور لوگ
ہمارے بچ آنے سے کسی طرح خوش نہین ہوے اونکی صورتین بہت ہیبت ناک معلوم ہوتی
تھین مین ملتان خان کے پاس گیا اور اپنا ہاتھ اسکے کندھے پر رکھکر کہا کہ تمھارے گھر بار
اور بچے ہین اسنے سر ہلا کر کہا کہ ہان مین نے پوچھا کہ تمکو روزی کا آسرا تم ہی سے ہے اسنے
کہا ہان مین نے کہا بس یہی میرا حال ہے اور مجکو یقین ہے کہ تم ایسے آدمی نہین ہو کہ میری
جان کے خواہان ہو اور انکا سہارا نہو رہے ایک لحظہ تک وہ میرا منھہ دیکھتا رہا پھر بولا کہ اچھا اگر
مجھ سے ہو سکیگا مین آپ کی جان بچاؤنگا میرے ساتھہ چلے چلیے یہ کہکر اسنے جھٹ پٹ باگ
اٹھائی اور پویہ بھگانے لگا ہم بھی پیچھے پیچھے ہو لیے ایک بڑا بدذات سوار جو مہدی پور کے
کنٹنجنٹ رسالے کا تھا اور دبلے سے گھوڑے پر سوار تھا میرے برابر آکر کہنے لگا مجکو اپنا
گھوڑا دیجیے اور آپ کے لیے میرا گھوڑا کافی ہے مین نے اسکو بہ لطائف الحیل ٹال دیا لیکن وہ
میرے انکار سے بہت برہم ہوا اور ملتان خان سے کہنے لگا کہ انکو ابھی کیون نہین مار ڈالتے
جب اسنے دیکھا کہ ملتان خان یا اور کوئی سوار اسکی بات نہین مانتا وہ گھوڑے کو
مہمیز کر ایک گانون کو بڑھا جسمین ہوکر ہمکو گذرنا تھا تاکہ گانون والون کو ہمارے
مزاحم ہونے اور مار ڈالنے پر برانگیختہ کرے اس سبب سے ملتان خان کو کھیتون مین
ہوکر چکر کھانا پڑا تا وہ گانون چھوٹ جائے ہم شام کے چار بجے کے قریب قائم گنج پہونچے لوگون نے
ہمسے کہا کہ ابھی مکان کی چھت پر چڑھ جایے ایسا نہو کہ کوئی آپ کو دیکھ لے اسی وقت
ہمنے یہ خبر پائی کہ بیچارے گبس صاحب کو جو چند گھنٹے پہلے ہمارے ساتھہ تھے بلوائیون
نے مار کر ٹکڑے ٹکڑے کر دیا ہمارے پہونچنے کے تھوڑی دیر بعد نواب ہمسے ملنے کو آئے

اور واقعہ کے سُننے سے بدل مغموم معلوم ہوتے تھے اُنکا یہ مقولہ تھا کہ جو حملہ آپ لوگون پر ہوا
شمس آباد والے نواب ولعات کے سبب سے ہوا اور واقعی ایسا ہی ہوا تب اُنھون نے
ہمسے صاف صاف کہا کہ مین آپ کو پناہ تو نہین دے سکتا ہون خلقت جانتی ہے کہ آپ
انگوٹھیون اور جواہرات سے لدے ہوے ہین اور یہی لڑکے بالے اگر آپ کو دیکھ پائینگے
لوٹنے کی غرض سے آپ کے ٹکڑے اُڑا دینگے - مین نے کہا کہ ہمارے پاس تو
کوئی چیز نہین ہے اُسنے کہا سچ ہے لیکن یہ بات کہ آپ نے شمس آباد مین پروانہ پر مُہر کرنے
کے لیے اپنی انگوٹھی نکال کر دکھائی تھی گرد نواح مین مشہور ہو گئی اور لوگ یہی جانتے
ہین کہ آپ جواہرات سے لدے ہوے ہین اور کسی طرح اسکے برخلاف نہین مانتے صرف اتنا
کرنے کو البتہ راضی ہون کہ شام تک آپ میرے مکان مین رہین شام کے بعد آپ کو چلا جانا پڑیگا
مین نے اُس سے کہا کہ مین جدھر سے آیا ہون لوٹ جاؤنگا اور اپنے ضلع مین پہونچنے
کی کوشش کرونگا وہان مین جانتا ہون کہ میرے دوست مجکو پناہ دینگے نواب نے
کہا کہ یہ ناممکن ہے کیونکہ پہلے ہی میل مین آپ کے ٹکڑے اُڑ جائینگے تب مین نے کہا
کہ ہم فرخ آباد کی راہ لینگے اور وہان پہونچنے کی کوشش کرینگے - نواب نے کہا کہ ہان
یہ تدبیر سب سے بہتر ہے لیکن ساتھ ہی یہ بھی کہا کہ مین آپ کے لیے راہ دکھانے کو کوئی
آدمی بہم نہین پہونچا سکتا سبب اُسکا یہ ہے کہ یہان یہ خبرین آئی ہین کہ آپ کی فوج جو دہلی
پر تھی بالکل تباہ ہو گئی اور کمینڈر انچیف زہر کھا کر مر گئے ہمنے کہا کہ وہ تو ہیضہ کر کے
مرے ہین اور رہبر کے بدون تو ہم راستے ہی مین تباہ ہو جائینگے لیکن نواب پر مطلق
اس بات کا اثر نہوا اور کہنے لگے کہ مین اس بات کا ذمہ نہین کر سکتا کیونکہ کوئی شخص آپ کو
مدد دینے یا آپ کے ساتھ جانے پر راضی نہین ہوتا اسوقت معلوم ہوا کہ بڑے ڈونلڈ صاحب کا گھوڑا

زخم کے سبب بالکل چلنے کے قابل نہین رہا اور ضرور پڑا کہ اُسکی جگہ کوئی دوسری سواری اُنکے لیے بہم پہونچائی جائے بڑی مشکل سے نواب صاحب نے ۵۰ روپیہ کو ایک واہیات ٹٹو کہ جو ایسے بھاری آدمی کے لیے ایک قدم بھی چلنے کے قابل نہ تھا بازار سے مول منگوایا جب نواب صاحب ہمارے پاس سے اُٹھ گئے ہم تینون مل کر نماز مین مشغول ہوے اور خدا کا شکر کیا کہ ایسے بڑے خطر مین ہمکو سلامت رکھا اور دعا کی کہ اے خدا اپنے رحم سے تو کوئی باب نجات ہمپر کھول یا ہمکو اپنے پاس بُلا۔ پھر مین نے اُس بڈھے تحصیلدار کو بُلا بھیجا جو صبح کی ملاقات مین ہمارا یار بن گیا تھا جب وہ آیا تو مین نے اُسپر یہ بات ظاہر کی کہ اگر ہم سڑک کلان پر جائین یا دیہات مین سے ہو کر گذرین تو بالکل یاس ہی ہم کبھی بھی فتح گڈھ نہین پہونچ سکتے اور اسی واسطے ہمکو ضرورت ایک رہبر کی ہی جو ہمکو پگ ڈنڈیون اور کھیتون مین ہوتا ہوا لے جائے مین نے عاجزی سے اُسکی منت کی کہ آپ نواب صاحب کے پاس جائیے اور کسی طرح اُنکو سمجھائیے کہ کم سے کم ایک سوار تو ہمکو راہ دکھانے کے لیے دین وہ جانے پر راضی ہوا لیکن کہا کہ مجکو امید نہین ہی کہ نتیجہ اسکا حسب مُراد ہو اور اگر کار براری ہوئی تو مین پھر آؤنگا ورنہ نہین آؤنگا کیونکہ آپ لوگون کی مفارقت کے رنج کے سوا اور کیا حاصل ہوگا تب مین نے اپنی گھڑی اور انگوٹھی نکال کر اُسکو دی کیونکہ مجکو اپنی زندگی کی امید بہت تھوڑی تھی بلکہ منقطع ہو چکی تھی اور کہا کہ جس انگریزی عہدہ دار سے تمسے ملاقات ہو اُسکو دے دینا کہ میرے گھر پہونچا دیگا۔ تب وہ مجھ سے رخصت ہوا میرے دونون ساتھی جب گفتگو ہو رہی تھی بیچارے خوب سو رہے تھے اور اب مین بھی لیٹ گیا اور ایک گھنٹے کے قریب مین غنودگی کی حالت مین پڑا رہا اتنے مین نواب صاحب کی یہ بات میرے کان مین پڑی کہ صاحب سو رہے ہین انکو جگانا نہ چاہیے آرام کر لینے دو۔ یہ سنکر میری آنکھ کھل گئی بڈھے لنگڑے تحصیلدار

لنگڑاتے ہوے چلے آتے تھے اور یہ کہ رہے تھے کہ اگر کسی آدمی کے حق مین کوئی بات
خوش خبری کی ہو تو اُسکو جلد جگا دینے کا مضائقہ نہین ـ مین اُٹھ بیٹھا اور دونون کو
بلایا نواب صاحب نے کہا کہ مین نے اپنے قرابت دار معتمد دو آدمیون کو سمجھا کر اِس بات پر
آمادہ کیا ہی کہ آپکو اِس سے فرخ آباد لے جائین اور اب سے دو گھنٹے پیچھے آپکو جانا ہوگا
اُنھون نے ایک کام کی خبر یہ بھی سُنائی کہ آپکا دوسرا گھوڑا اچھا ہو گیا ہی اور اصطبل مین بندھا ہی
اور بڑے ڈونالڈ صاحب کو کام دینے کے قابل ہی تب وہ اور تحصیلدار یہ کہکر چلے گئے کہ آپ
لیٹیے اور سوئیے اور ہم آپکے بدلنے کے واسطے ہندوستانی کپڑے لیکر جلد آتے ہین وے
اپنے وقت موعود پر ہمارے دوست سلطان خان کو ساتھ لیے آئے تب مین نے اپنے ساتھیون کو
اُٹھایا اور نواب صاحب کے کپڑے پہنے ہماری اپنی پوشاک کی ہر ایک چیز حتی کہ جوتے ہمارے روبرو
جلا دیے گئے تاکہ گھر مین ہمارا کوئی نشان نہ رہے مین نے اپنی انجیل اور پیاری میری صاحب کا بٹوا
بچا رکھا لیکن اُسمین سے چاندی کے حلقے اور ریشم کی ڈوریان توڑ ڈالین تاکہ کوئی معلوم نہ کرسکے مین نے
ان چیزون کو انگوٹھی اور گھڑی سمیت جو تحصیلدار نے مجھکو لوٹا دی تھین اپنی کمر مین رکھ لیا انجیل تو اب تک
میرے پاس ہی اور رنج و مصیبت کے اکثر وقتون مین میرے لیے تسلی کا موجب ہوتی ہی لیکن افسوس بٹوا
مجھ سے کہین سڑک پر گر پڑا اور پھر نہ ملا جب مجھکو اپنا یہ نقصان یاد آتا ہی تو اب تک مین روتا ہون اور مجھکو اس
بات کے کہنے مین کچھ لحاظ نہین معلوم ہوتا کیونکہ ہمارا جیسا غم اور تردد دل کو ایسا کر دیتا ہی کہ اپنے پیارے
جن سے اس زندگی مین پھر ملنے کی کچھ امید نہین ہوتی ذرا بھی یاد آتے ہین تو فوراً دل بھر آتا ہی جب سب
تیاری ہو چکی اور پگڑیان کہ تمام پوشاک مین انھین کا باندھنا ہمکو بہت مشکل تھا سر پر رکھی گئین
تو ہم صحن مین اُترے اور اپنے گھوڑون اور دونون رہبرون کو تیار پایا مین سوار ہوا
لیکن مجھکو برا معلوم ہوا کہ میری نہایت عمدہ کاٹھی کہ ول کنس کی نامی دوکان کی بنی تھی اُتار

لی گئی اور اُسکی جگہ وہ اہمیات بے نمدے کا زین کس دیا گیا تھا اُس سے مجکو یہ خوف ہوا کہ
کہیں ایسا نہو میرے گھوڑے کی پیٹھ لگ جاے اور اُسکو نکما کردے اپنے رہبرون مین سے
ایک کی طرف جو نگاہ اُٹھا کر دیکھا کہ وہ جوان خوشرو اور کشیدہ قامت تھا اور ایک خوب جوبند
سُرنگ گھوڑے پر سوار تھا تو معلوم ہوا کہ میری کاٹھی اُنھون نے لے لی لیکن اُسوقت
اِس بات کے زبان پر لانے کا موقع نہ تھا نہ کہ حجت و تکرار کا۔ نواب نے بہت مہربانی سے
ہمکو رخصت کیا اور مجھ سے کہا کہ اس لباس مین آپ بہت خاصے ہندوستانی معلوم ہوتے ہین
لیکن اسکا خیال رکھیے گا کہ ہرگز گفتگو کی مبادرت نہ کیجیے گا ورنہ فوراً پہچانے جائیے گا۔ لیکن
یہ دو صاحب اگر گفتگو کرین کچھ باک نہین کیونکہ ہندوستان زادہ ہین اور ہندوستانیون کے
مانند تلفظ کرتے ہین ہم آہستہ آہستہ نہایت چپ چاپ قائم گنج مین ہو کر نکلے اُسوقت تک شہر مین
کوئی آدمی نہین جاگتا تھا شہر سے باہر نکلتے ہی ہمارے اُس رہبر نے جو سُرنگ گھوڑے پر
سوار تھا پویہ اُٹھایا اور کھیتون اور پگ ڈنڈیون مین کئی میل برابر ہمکو لیے گیا۔ ہم بہت
دور نہین گئے تھے کہ میرا چھوٹا گھوڑا مجکو ایک درخت کی شاخون مین لے گھسا وہ پگڑی جو
نہایت مشکل سے بندھی تھی گر گئی مین نا امید تھا کہ اب نہ بندھ سکیگی کیونکہ ہندوستانیون کے
سوا کوئی اُسکو باندھ نہین سکتا اور وہ بھی برسون کی مہارت سے لیکن جب وہ زمین پر
گرنے لگی مین نے اتفاق سے اُسکا ایک سرا پکڑ لیا اور لگام مین اُسکی ایک گرہ لگا کر لگام کو
دانتون مین پکڑا اسطور پر گھوڑے کو بھی سنبھالا اور ساتھ ہی پگڑی پھر باندھنے لگا
تاہم مین اُسکو ایسا نہین درست کر سکا کہ اگر کوئی ہمکو ٹھہراتا اور باز پرس کرتا تو پہچان
نہ جاتا آٹھ میل کے قریب چلنے کے بعد گھوڑون کے دم لینے کے لیے ہم کھڑے ہو گئے اور
مجکو اپنے رہبر سے کچھ بات چیت کر لینے کا موقع ملا۔ وہ تو کاکس صاحب اسلیے تو نہ جانے کے

رسالے کا ایک سوار نکلا کہ قائم گنج مین اپنے گھر رضا لے کر آیا تھا اُسنے مجھ سے کہا کہ اگر کوئی
مجکو چھ ہزار روپیے بھی دیتا تاہم مین آپ کو راہ نہ دکھانے یا کسی طرح کی مدد دینے کے
لیے اُسکی طمع نہ کرتا لیکن نواب صاحب میرے بہت قریب کے رشتہ دار ہین اُنھون نے
مجھ سے نہایت التجا کے ساتھ درخواست کی اور انجام کار مجکو تسلیم کرنا پڑا وہ ایک
نامی شہسوار تھا اُسکی گھوڑی نہایت بد اور اَتھرّ تھی راہ مین دونون کی بہت کشتیان
ہوئین اور چونکہ میری حفاظت اُن کشتیون کے انجام پر انحصار کلّی رکھتی تھی مین نہایت
غور سے ایک سنّاٹے کے عالم مین یہ تماشا دیکھ رہا تھا - اول اول چند کوس تک وہ
گھوڑی بے رکاوٹ چلی گئی لیکن پھر جب کہ ہمکو جلد چلنا ضرور ہوا تو اُسنے چلتے چلتے اڑجانا
پیچھے کو ہٹنا اور الغرض سوار کو پھینک دینے کے لیے تمام حرکتین کرنی شروع کین -
لیکن کچھ نہین کر سکتی تھی وہ سوار اسطرح کاٹھی پر جما ہوا تھا کہ گویا اُسمین گڑا ہوا ہے
اور آخر کو اُسے آگے ہانک لے چلتا تھا - دو گھنٹے کے قریب چلکر ہم دو گانٔون کی بیچ مین
پہونچے یہ دو گانٔون ایک دوسرے سے ملے ہوے بستے تھے اور اُن دونون کے
بیچ مین ہو کر ہمکو جانا تھا وہ گانٔون جو دہنے ہاتھ کو تھا اُسمین تو آگ لگی ہوئی تھی اور
ڈاکہ زنون کا ایک گروہ اُسکو گھیرے ہوے لوٹنے پر جھکا ہوا تھا - جب ہمنے گھوڑے
خوب زور سے بھگائے تو گانٔون سے ایک میل کے فاصلے سے اُن لوگون نے ہمکو
دیکھ لیا اور بڑا غل مچایا اور ہمارے مارنے کے لیے ایک طرف کو دوڑے تب
ہم اپنی جانون کے خوف سے بھاگے ہمارا رہبر اچھی تجربہ کار اور ہوشیاری سے ہمکو لیے جاتا
پاو گھنٹے تک گھوڑ دوڑ نہایت دلچسپ ہی ان بدذاتون کا شور و غوغا اور دہکتے
ہوے گانٔون کے غل نے ہمارے گھوڑون کو ایسا بھڑکا دیا تھا کہ وے اپنے مقدور

دوڑنے مین مہمیز کے محتاج نہ تھے میرے دونون گھوڑون نے اچھا کام دیا جبین بے
اپنے چودہ پنسیری بوجھل سوار کو ایک پر کی طرح اڑائے لیے جاتا تھا میری اپنی سواری کا چھوٹا
کابلی اُسکے برابر چیرتا ہوا اور ہر ایک سد راہ کو پھاندتا ہوا اسطرح جاتا تھا کہ گویا ہوا مین
بھرا ہوا ہی اُمنگ ایسی تھی کہ مین بھی اُسوقت خطر بالکل بھول گیا تھا اگرچہ تھوڑے
عرصے تک ہمکو تذبذب تھا کہ ہم بھیڑ سے نکل سکینگے یا نہین لیکن جب دو ۲۰۰ سو گز کے
قریب بچ کر نکل گئے تب ہم سمجھے کہ اپنے ارادے مین بے شک کامیاب ہوے —
اُن لوگون نے جب دیکھا کہ شکار اُنکے ہاتھ سے نکل گیا تو جوش غضب مین ایسی للکار
ماری کہ مین اُسے کبھی نہ بھولونگا حُسن اتفاق سے اُنکے پاس بندوق وغیرہ نہ تھی اور
اسی سبب سے ایک دفعہ اُنکے نشانے کی مار مین آکر بھی ہم اُنسے بالکل بچ کر نکل گئے
اگر ڈونلڈ صاحب بجاے میرے گھوڑے کے اُس کمبخت ٹٹو پر سوار ہو لیے ہوتے جو اُنھون نے
خریدا تھا تو ہم سب کے سب بالضرور مارے جاتے کیونکہ اُنسے تو ایک قدم بھی ہرگز نہ
چلا جاتا اور ہم بھلا اُنکو کیونکر پیچھے چھوڑ جاتے پس لامحالہ سب کے سب راہ مین
تمام ہوتے میرے گھوڑے کا اچھا ہو کر ڈونلڈ صاحب کی سواری کے قابل ہو جانا
بہت سی مثالون مین سے ایک مثال تھی کہ خدا نے ہماری جانین بچانے کے لیے رحیمانہ
اپنی قدرت کو دخل دیا جسکو مین نہایت مشکوری کے ساتھ اقرار کرتا ہون —
چوبیس ۲۴ گھنٹے کے قریب چلتے چلتے چار بجے صبح نمودار ہوتے ہی ہم فرخ آباد کے قریب پہونچے
ہمارا رہبر ایک فقیر کی جھونپڑی کے پاس پانی پینے کے لیے ٹھہرا اور اُس سے پوچھا کہ کیا
خبرین ہین صبح کاذب کی دھندلی روشنی مین فقیر نے ہمکو نہین پہچانا کہ یہ انگریز ہین اور
ہمارے رہبر سے کہا کہ فرخ آباد مین اب تک بالکل امن چین ہے پلٹن بنی ہے انگریز لوگ شہر

چھوڑ کر چلے گئے - لیکن پیروبن صاحب کلکٹر ابھی تک ہین اور کل کے دن جیلخانے
مین بڑا بلوا ہو گیا تھا پلٹن کے لوگون نے اُسکو بھی فرو کیا بہت سے قیدی جو بھاگ
جانا چاہتے تھے مار ڈالے - اس خبر کے سُننے سے ہمکو بہت تسکین ہوئی اور راہبر کے
ساتھ شہر کی سراے مین گئے وہان ہمکو کسی نے نہین پہچانا گھوڑون سے اُتر کر ہندوستانیون
کی طرح اُنکو ٹھنڈھا کرنے کے لیے ٹہلایا کیے ہمارا رہبر اُسوقت ہمارے پاس سے کوتوالی کو
خبر لینے گیا لیکن جلد لوٹ آیا اور اپنے ساتھ ایک چپراسی لے آیا تاکہ وہ ہمکو صاحب کلکٹر کے
بنگلے تک لے جاے ہم پھر سوار ہوے تھوڑی دور تک ہمارے رہبر بھی ہمارے ساتھ رہے
پھر وے ہم سے رخصت ہو گئے اور مین نے تب سے نہ اُنکا کچھ حال سُنا نہ اُنکو دیکھا ہمارے
ساتھ اُنھون نے اپنا حق بہت اچھی طرح ادا کیا اور اگر ان مصیبتون مین میری جان
بچ گئی تو مین بھی جہان تک مجھ سے ہو سکے گا اُنکا عوض دونگا - آٹھ بجے کے قریب ہم
پیروبن صاحب کے بنگلے پر پہونچے اور جون ہی اندر گئے اور صاحب نے دلی مدارات سے
ہمکو لیا قبل اسکے کہ ہم اُنسے بیان کرین کہ ہم کہان سے آئے اور راہ مین ہمپر کیا بیتی
چند لحظہ تک ایسا دل بھر آیا کہ ہم مین سے کسی کے مُنھ سے بات نہین نکل سکی —
پھر پیروبن صاحب نے فتح گڑھ اور اُسکے حوالی کے ادھر اُدھر کا حال ہمسے بیان کیا
وہ حال ایسا تھا کہ اُسکے سُننے سے کچھ انبساط خاطر حاصل نہوا اُنھون نے ہمسے کہا کہ
ہندوستانی دسوین پلٹن جو فتح گڑھ پر متعین ہے کھلم کھلا بغاوت کرنے کو تھی اور اپنے
افسرون کو دھمکا بھی چکی تھی لیکن چند روز کے لیے اُسکو سمجھا بجھا کر منا لائے اور تب سے ظاہر مین
ثابت قدم معلوم ہوتی ہے اگرچہ میری راے مین وہ قابل اعتماد نہین ہے انگریز جو اس شہر مین تھے بجز افسران
پلٹن نہم اور میجر رابرٹسن صاحب کے کہ اُنکو توپون کے چھکڑے پہیے بنوانے کا کام ہے

پلٹن کی حالت دیکھکر فتح گڑھ سے چلدیے بعض لوگ کشتیون مین بیٹھکر کانپور پہونچے
اور بعض کہ انھین کے ساتھ میری بیبی اور بچے بھی ہین گنگا پار اودھ کے علاقے مین ہردیو بخش
نامے ایک بڑے دبدبہ والے زمیندار کی گڑھی مین ہین اُسنے انکو پناہ دہی کا وعدہ کیا ہی
پروبن صاحب نے ہمکو بہت استواری کے ساتھ اس گروہ مین جا ملنے کی ترغیب دی
لیکن ہم کشتی مین سوار ہوکر کانپور کے چلے جانے کی بہت خواہش رکھتے تھے اور بے شک ہم
اُسی راہ پر چلتے لیکن خدا کی قدرت اُسدن پروبن صاحب کے پاس یہ خبر آئی اور ظاہرا
صحیح معلوم ہوتی تھی کہ وہان سوارون نے بغاوت کی چھاونی کو پھونک دیا اور انگریزون
پر حملہ آور ہوے تب ہمارے دل مین آیا کہ آگرے چلین لیکن پروبن صاحب نے کہا کہ
شہرون کا حال نہایت ابتر ہی باغیون کے بڑے بڑے غول اُدھر ہوکر دہلی کو چلے جاتے ہین
آگرے صحیح سلامت پہونچنا ناممکن ہی اب سواے اسکے کہ پروبن صاحب کی صلاح پر عمل کرین
اور کچھ تدبیر ممکن نتھی اور آخر کار ایسا کرنا میرے حق مین مفید ہوا ہم اُسدن جون کی نوین
تاریخ فتح گڑھ مین سے کرنیل سمتھ صاحب ہندوستانی دسوین پلٹن کے کمانیر اور وبرٹ صاحب
دوسرے رسالے کے میجر مجھ سے ملنے آئے وبرٹ صاحب کانپور اپنی پلٹن سے شامل ہونے کو
جاتے تھے از خود کرنیل سمتھ صاحب کے پاس ٹھہر جانے کو کہا انھون نے بھی انکی درخواست
کو غنیمت جانکر خوشی سے قبول کیا دسوین پلٹن کا وہ دستہ جسنے ایکدن پہلے بلوا
جیلخانہ کو فرو کیا تھا میجر وبرٹ صاحب کے زیر حکومت تھا ایک قیدی نے ایک
اینٹ کا روڑا اسطرح کھینچ کر مارا کہ میجر صاحب کی بائین آنکھ مین بڑی چوٹ آئی
میجر صاحب و سمتھ صاحب دونون نہایت وثوق رکھتے تھے کہ پلٹن وفادار رہیگی
خصوصا اس سبب سے کہ یہان یہ خبر آچکی تھی کہ میرٹھ کا جنرل ہلس صاحب والا رسالہ

دہلی کے پاس باغیون سے ایک لڑائی مین فتحیاب ہوا دسوین تاریخ دن ڈھلے تک ہم
فتح گڑھ مین رہے پھر گنگا پار اُتر کر دھرم پور مین اور انگریزون سے جا ملے گرمی نہایت سخت
تھی دھوپ در بیزر استانون مین میرے ہاتھ سہو نے دیتی تھی لیکن کچھ اور زیادہ تکلیف
نہین ہوئی وہان جا کر قلعہ مین ہمنے دیکھا کہ لوگ کثرت سے مجتمع ہین انھین مین فتح گڑھ
کے صاحب جج دنھارن ہل صاحب ور پادری فشر صاحب اور رابرٹ لوئیس صاحب
جو بہرا ئچ ان مین پہلے میرے اسسٹنٹ تھے مع اپنی میمون اور بچون کے موجود تھے
یہ لوگ چند روز سے وہان تھے اور وہان رہنے سے نہایت ناراض تھے اور مین
بھی سمجھا کہ انکی ناراضی بجا ہی کیونکہ قلعہ ایسی شکستہ حالت مین تھا کہ اگر باغی کوئی حملہ
کر بیٹھتے تو قلعہ کسی کے سنبھالے نہ سنبھالا جاتا ان لوگون نے جو یہ حال سُنا کہ
ہندوستانی دسوین پلٹن والون نے فساد جیلخانہ فرو کیا اور اپنے کام پر لوٹ آئے
تو یہ لوگ یقین کرنے لگے کہ اب پلٹن سے کچھ خوف نہین اور پلٹن ثابت قدم رہیگی
پس ان لوگون نے یہ ٹھہرائی کہ دھرم پور سے فتح گڑھ لوٹ جایئے - باوجودیکہ
پروبن صاحب ستوا تر اس راے کے برخلاف سمجھاتے تھے اور اُن حالات سے جو
انکو معلوم تھے انھین یہ یقین تھا کہ پلٹن قابل اعتماد نہین ہی اور صرف اُسوقت تک
اپنے کام پر راستی کے ساتھ قائم ہی کہ بغاوت کا موقع نہین پاتی اور یہ موقع اور
باغی گروہون کے آنے پر منحصر ہی جسکے ساتھ انکی خط و کتابت روزمرہ جاری رہتی تھی
صرف پروبن صاحب اپنی بیوی اور چار بچون سمیت اپنی اسی بات پر قائم رہے تھے
کہ ہرچہ بادا باد ہم تو ہردیو بخش کی پناہ مین رہینگے اور جو لوگ دھرم پور سے چلا جانا چاہتے تھے
انکے اصرار کو اصرار احمقانہ سمجھتے تھے مین نے بھی پہلے تو یہ ارادہ کیا کہ ان لوگون کے ساتھ

دونون ڈونلڈ صاحب سمیت کہ وے بھی واپس جانا چاہتے تھے فتح گڑھ لوٹ جاؤن
یکایک ذہن مین اس خیال نے خطور کیا کہ پروبن صاحب کے ساتھ ٹھہرنا بہتر ہے مین نے
ہردیو بخش کے کارندے سے پوچھا کہ اگر مین ٹھہرا رہون تو تمھارے آقا کچھ اعتراض
تو نہ کرینگے اُسنے اپنے آقا کی طرف سے فوراً استت کی کہ صاحب آپ کیا فرماتے ہین بے تکلف
آپ تشریف رکھیے غرض وے لوگ تو گیارھوین تاریخ کی رات کو دھرم پور سے چلے گئے اور
اگلے دن صبح کو فتح گڑھ جا پہونچے بارھوین تاریخ لوئیس صاحب اور روبرٹ صاحب کی چٹھیان
میرے پاس پہونچین اُنھون نے بمنت لکھا تھا کہ ہمسے آملیے اور باور کیجیے کہ پلٹن بالکل
ثابت قدم ہے اور آپ دھرم پور مین بڑے خطرہ مین ہین کیونکہ اگر ہردیو بخش پر کوئی
دباؤ پڑا وہ یقیناً آپ لوگون سے دغا کریگا - مین نے یہ چٹھیان پروبن صاحب کو
دکھائین اُنھون نے ہردیو بخش کی نسبت اپنا اطمینان کامل ظاہر کیا لیکن دسوین
پلٹن کی نسبت اُنھون نے کہا کہ مجکو اس پلٹن کی وفاداری کا مطلق اعتبار نہین
آخر پروبن صاحب کی پیشین گوئیان صحیح نکلین اور جس معلومات پر اُنکی بالکل عمل درآمد
تھی وہ ٹھیک ثابت ہوئی اگر کرنیل سمتھ صاحب اور دسوین پلٹن کے اور افسر اور
اسی طرح اور لوگ جو فتح گڑھ مین تھے انکی نصیحت سُنتے تو اوائل مئی مین پنشن دار
اور اور لوگ قابل اعتماد قلعہ فتح گڑھ مین رسدین جمع کرتے اور خود اُسپر تعینات رہتے
اور اسطرح تمام مصیبتین جو آخر کو واقع ہوئین غالباً ٹل جاتین - لیکن مشیت ایزدی
دوسرے طور پر تھی تیرھوین [13] تاریخ رات کے دس بجے مین نیم خوابیدہ لیٹا تھا ایک آواز
آشنا و مانوس سُن پڑی کہ صاحب سے اطلاع کردو وزیر سنگھ آیا ہے یہ سُنتے ہی مین جاگ
اُٹھا اور فوراً اُٹھ کھڑا ہوا اور اُسکو اندر بلا لیا اور اُسکے آجانے سے میری طبیعت

بہت خوش ہوئی اُسنے مجھسے کہا کہ شمس آباد کی بھیڑ مین جب مین آپ سے الگ ہو گیا
اور دیکھا کہ آپ دور نکل گئے تو مجھکو آپ سے ملنے کی امید نہ رہی اسی لیے مین نے
سوچا کہ اب مجھکو اپنے بچاؤ کی تدبیر کرنی چاہیے اسی نظر سے مین باغ کی جھاڑیون مین چھپ گیا
اور جسوقت کہ آپ پر حملہ ہوا وہین تھا یہان تک کہ بھیڑ چھٹ گئی اور جس اتفاق سے
کسی نے مجھکو نہ دیکھا مین چھپا رہا گبسن صاحب میرے سامنے مارے گئے اور انکی
نعش دروازے مین پڑی تھی مین شام تک انھین جھاڑیون مین چھپا رہا گانون والون
کے غول آتے تھے اور گبسن صاحب کی نعش کو دیکھکر کلکاریان مارتے تھے اور جسطرح
کوئی شادی بیاہ مین خوش ہوتا ہے اسطرح وے لوگ نعش کے دیکھنے سے بڑی فرحت
ظاہر کرتے تھے جب اندھیرا ہوا و خاکروب نعش کو گھسیٹ لے گئے اور کوڑے پر پھینک
آئے وہان کتون نے اسکو چیر پھاڑ ڈالا ہوگا ان بیچارون کی سواری کا لاوارثی اونٹ
میرے روبرو لوگ پکڑ کر نواب دولہا کو دکھانے کے لیے لے گئے تھے وزیر سنگھ اسی جگہہ
تمام رات اور اگلے دن شام تک پڑا رہا آخر اسکو ایک آدمی نے دیکھ پایا لیکن اُسنے کسی کو
خبر نہین کی بلکہ اسکے حال پر ترس کھا کر اسکے لیے کچھ کھانا لایا اور اُس سے کہا کہ
تمھارے صاحب مارے نہین گئے فتح گڑھ کی طرف بھاگ گئے ہین جب رات
ہوئی تو وزیر سنگھ نے اسی خبر کے آسرے پر جھاڑیون سے نکل فتح گڑھ کی راہ لی علی الصباح
وہان پہونچکر اُسنے مجھے چھاونی مین تلاش کیا اور نہ پایا آخر کار یہ سُنکر کہ کچھ انگریز ہنوز دھرم پور
مین ہین گنگا پار کو چلا اس امید سے کہ شاید مین انمین مل جاؤن اُسکی یہ امید برآئی
جیسا کہ ابھی مین بیان کر چکا جتنا روپیہ مین نے بداؤن سے چلتے وقت اسکے پاس
رکھوا دیا تھا وہ بلا کم و کاست اپنے ساتھ لایا اور میری بندوق بھی دشمنون مین سے

کسی تدبیر سے بچالایا جب انگریز لوگ فتح گڑھ لوٹ گئے اُسکے دو دن بعد تک سب طرح
خیریت رہی اور دسوین پلٹن اپنا کام حسب دستور کرتی رہی - ناگاہ اکتالیسوین ۴۱ پلٹن
جو سیتاپور علاقہ اودھ مین متعین تھی باغی ہوئی اور وہان کے انگریزون کو قتل کرکے
فتح گڑھ کی طرف روانہ ہوئی اور یہ خبر آئی کہ فرخ آباد کے محاذی کنارہ گنگ پر آپہونچی
دسوین پلٹن والے اس خبر کے پہونچتے ہی دفعتہً بلوا کرنے کو اُٹھ کھڑے ہوئے حُسن اتفاق
سے یہ حادثہ ۱۴ جون کی صبح کو بہت سویرے واقع ہوا اور چونکہ انگریز لوگ جب سے
واپس گئے تھے اتنی احتیاط کرتے تھے کہ رات کو قلعے مین جاکر سوتے تھے اُسوقت تک
قلعے کے باہر نہین گئے تھے اس سبب سے اُسدن کوئی انگریز نہین مارا گیا سب بچ گئے
پلٹن والون نے پہلی حرکت یہ کی کہ نواب صاحب کے پاس گئے اور پلٹن کا جھنڈا اُنکے
قدمون پر جھکا دیا اور اپنے تئین اُنکا نوکر ظاہر کیا اور تعظیماً سلامی کی باڑھ فیر کی
واقعات فتح گڑھ کی اطلاع اول ہمکو اسی سلامی کے فیر سے ہوئی یہ سلامی تینتیس بار جانیکی
بندوقون کی تھی اور اس بے ترتیبی سے ہندوستانی طور پر سر کی گئی کہ ہمکو قلعے پر
حملہ ہونے کا احتمال ہوا اس سلامی کی آواز سے ہردیو بخش کے لوگون مین ایسی کھلبلی
مچی کہ ہمکو یہ بات ثابت ہوگئی کہ اگر خدانخواستہ دھرم پور پر باغی حملہ آور ہون تو انسے
کچھ نہوگا دن مین فتح گڑھ سے اخبار متناقضہ ہمارے پاس آئے - ایک دفعہ کہ اکتالیسوین ۴۱
پلٹن شہر مین نہین جانا چاہتی - بلکہ بالا بالا براہ راست دہلی کو چلی جائیگی اور دسوین
پلٹن نے اُنکے پاس یہ کہلا بھیجا ہے کہ اگر پل سے آگے قدم بڑھاؤ گے تو ہم تم پر حملہ
کرینگے اسوقت ہم سے لوگون نے یہ کہا کہ آپ لوگ چپ چاپ ایک جگہ بیٹھے رہیے
ایسا نہو کہ کوئی دیکھ لے کسی کو اپنے پاس بھی نہ آنے دیجیے - تم اپنی جگہ مین بیٹھے رہیے

کہ دیوار کے باہر کھودنے اور کھٹکھٹانے کی آواز سنکر گھبرائے تھے وہ آواز کئی گھنٹے تک
برابر ہوتی رہی یکایک بند ہو گئی شام کے وقت جب ہم باہر گئے (کیونکہ شام کے وقت
باہر نکلنے کی تو ہمکو اجازت تھی) تو یہ دیکھکر سخت متعجب ہوے کہ اچھی خاصی اٹھارہ پنی
توپ دیوار کے باہر سے کھودی گئی جب سے سال گذشتہ مین صاحب رزیڈنٹ لکھنو نے
منادی کی تھی کہ تعلقداران اودھ اپنے جملہ اسلحہ دیدین تب سے اب تک توپ اس
جگہہ چھپی ہوئی تھی اُسی وقت ایک چوبیس پنی توپ اور جنگل سے نکال لائے وہان
وہ توپ ایک نیم کے درخت سے پچاس گز کے فاصلے پر اُسی کے پتے پر گڑی تھی اس توپ کے
پہیے اور اجزا کنوون سے نکالے گئے یہ چیزین وہان چھپائی گئی تھین آس پاس کے
بڑے بڑے دیہات سے چار توپین اور مختلف پنی چھپی ہوئی نکال لائے اور کل چھ
توپین پہیون پر چڑھا لیں کر صحن مکان مین کھڑی کر دین۔ ہمنے سُنا کہ یہان اور
بہت سی توپین چھپی ہوئی ہین اور اگر ضرورت ہوگی نکال لی جائینگی صحن مین توپون کو
کھڑے کیے جانے کچھ دیر نہین ہوئی تھی کہ انکی ضرورت واقع ہوئی دفعتہ رات کے آٹھ بجے
کے قریب قلعے مین ایک بڑی ہل چل پڑی اور تعلقدار کے حمایتیون کو اکٹھا کرنے کے لیے
جھٹ پٹ سب طرف قاصد دوڑائے گئے اور سب سے کہا کہ ہوشیار رہو باغیون کا ایک بڑا
گروہ گنگا اُتر آیا ہے اور دونون انگریزون یعنی پیٹرسن صاحب اور مجکو گرفتار کرنے اور قلعے کو
لوٹنے کے لیے دھرم پور کی طرف چلا آتا ہے اسقدر عرصۂ قلیل مین کہ قرین قیاس نہ تھا
تخمیناً ایک ہزار آدمی سب کے سب برچھی وغیرہ ہتھیار باندھے ہوے حسب الطلب تعلقدار
کے جمع ہو گئے اور ایسا معلوم ہوتا تھا کہ سب لوگ دشمن کے مقابلے مین کٹ مرنے کو آمادہ ہین
اُسی وقت توپین قلعے کے دروازے سے باہر نکالی گئین اور پھر سب لوگ توپون کے

پیچھے کھڑے ہوے وہان پیرسن صاحب اور مین دونون ہردیو بخش کے پاس گئے۔
ہردیو بخش کے لوگ ہمکو کچھ اچھا تو سمجھتے ہی نہ تھے وے ہمکو اسطرح دیکھتے تھے کہ دھرم پور
کی طرف باغیون کے آنے کا سبب ظاہر ہم ہی لوگ ہین اس گانون کی طرف باغیون کو اس خبر نے
متوجہ کیا (اگرچہ عموماً لوگ اسکو بالکل جھوٹ باور کرتے تھے) کہ پیرسن صاحب ہردیو بخش
کے پاس سرکاری خزانے کا کئی لاکھ روپیہ لے گئے ہین اسی روپیے کے لے لینے
کی تمنا باغیون کو تھی ہم ہردیو بخش کے پاس پہونچے ہی تھے کہ اُسنے ہم سے یہ کہا کہ
آپ لوگ اسی وقت دھرم پور سے روانہ ہوکر رام گنگا کے پار تین ۳ میل دور ایک
چھوٹا سا گانون ہی وہان چلے جائیے وہان چند لوگ میرے اپنے ہین اور وے آپ کو
چھپا لینگے اس تدبیر سے میرا اور آپ کا دونون کا بچاو ہی کیونکہ اگر باغی فی الواقع
دھرم پور مین آئینگے تو مین اُنکو قلعہ دکھا دونگا اور وے لوگ جب آنکھون دیکھ لینگے
کہ انگریز اسمین نہین ہین تو زیادہ میرے درپی نہونگے پیرسن صاحب اور مین پہلے تو اس
تجویز مین بہت ہچکچائے پیرسن صاحب نے کہا کہ اسی جگہ لڑکر مرجانا بہتر ہی کیونکہ اگر
ہم فوراً ابھی دھرم پور سے گئے تو آدھے گھنٹے مین ہمارے سر کٹ جائینگے۔ لیکن
مین نے دیکھا کہ ہردیو بخش مصر ہی اور کسی طرح ہمکو زیادہ ٹھہرنے کی اجازت نہ دیگا
اسی واسطے مین اُسکے پاس گیا اور اُسکا داہنا ہاتھ پکڑکر کہا کہ ہم ابھی جاتے ہین بشرطیکہ تم
ہمارے بچاؤ کے لیے قول کرو اُسنے فوراً ذمہ کیا اور تہ دل سے کہا کہ پہلے میرا خون
بہہ جائیگا قبل اسکے کہ آپ کے سر کا بال بیکا ہو اپنے مرنے کے بعد البتہ مین مجبور ہون
آگے مدد نہین دے سکتا۔ مین مدت سے جانتا تھا کہ جب کوئی اشراف راجپوت اپنا
داہنا ہاتھ پکڑا دیتا ہی اور قول کرلیتا ہی تو اُسکی بات پکی قابل اعتماد ہوتی ہی اور مین نے

پروبن صاحب اور اُنکی میم سے کہا کہ اب یہان سے بے تامل چلیے اور جو ہردیو بخش کہتے
ہین اُسکی تعمیل مین وقت نہین ضائع کرنا چاہیے - ہمنے اپنے بچھونے لپیٹے اور چار دن
بچون کے واسطے کچھ چیزین لے لین اور چلے پروبن صاحب کی میم ایک بچے کو لیے
ہوے تھین اور ایک بچے کو مین اور تیسرا بچہ اور میری بندوق وزیر سنگھ اور چوتھا بچہ پروبن صاحب
کا نوکر - پروبن صاحب خود اپنی تین بندوقین اور توسدان وغیرہ لیے ہوے تھے
مین اُسوقت کیسا شکر کرتا تھا کہ میری میم اور میرا بچہ سہارنپور آرام سے ہین اور یہ مصیبتین
اور تکلیفین مجھ اکیلے کو جھیلنی پڑتی تھین ہم ایک میل کے قریب چلے ہونگے کہ رام گنگا
پر پہونچ گئے وہان بڑی دیر تک کشتی کے انتظار مین کھڑے رہے آخرکار کشتی آئی اور
آدھی رات کے قریب اُترے دو میل کے قریب اور آگے چلکر ہم اُسی گانون مین جسکا
نام کسورہ تھا پہونچے وہان کے ٹھاکرون نے ہمکو بہت خاطرداری سے لیا یہ لوگ
ہردیو بخش کے بنی اعمام تھے لیکن ہردیو بخش سے ذات مین کم کیونکہ اُنکی زبان بیاہتا
نہین تھی ہمکو کئی احاطون کے اندر ایک احاطے مین لیگئے وہان بہت سے مویشی
بندھے ہوے تھے ایک گھوڑی اور اُسکا بچھیرا اور بہت سی بکریان - ہم سے کہا کہ یہی مکان
آپ کے لیے تجویز ہوا ہی بعض جانور تو ہمارے پہونچتے ہی کھول لیے گئے باقیون کی نسبت
اُنھون نے اقرار کیا کہ کل صبح کو کھول لیے جائینگے مین اُس جگہ کو دیکھتے ہی سمجھا کہ گھبراہٹ
اور عفونت اور جانورون کی گندگی کے سبب یہان نیند آنی ناممکن ہی غرض ہم سب کے سب
نہایت رنجیدہ اور اوداس ہوے صبح کے وقت چونکہ ہمارے ساتھی چارپاے چراگاہ کو
بھیج دیے گئے ہمنے کسی قدر فراغت پائی لوگون نے ہم سے کہا کہ سپاہیون کا ایک گروہ
ڈھائی سو جوانون کے قریب دسوین ہندوستانی پلٹن والے واقعی کل رات کو گنگا اُتر آے تھے

اور یہ خبر اڑادی تھی کہ دھرم پور پر چڑھائی کرنے اور لوٹنے اور انگریزون کے گرفتار کرنے
اور قتل کرنے کے ارادے سے چلے ہین یہ گروہ دھرم پور کی طرف تھوڑی دور تک
بڑھا چلا گیا ناگاہ لکھنؤ کی طرف مڑ گئے۔ تین لاکھ روپیہ اُنکے ساتھ تھا اور یہ
لوگ کسی حیلے سے بغیر اپنے ساتھیون کی اطلاع کے فتح گڑھ سے نکال لائے تھے
اور ساتھیون کو اس فقرے سے دم دے دیا تھا کہ ہم صرف دھرم پور تک جاتے ہین
اور کل تم سے پھر آملینگے ہردیو بخش کے لوگون نے چاہا تھا کہ انپر حملہ کرین اور لوٹ لین
لیکن اُسنے نہایت دانشمندی سے اجازت نہ دی اسکا سبب چند روز بعد اُسنے ہم سے
یہ بیان کیا کہ مجکو خوف تھا کہ اگر ایکدفعہ میرے آدمی لوٹ کا مزا پا جائینگے تو مین پھر انکو
ہرگز نہ روک سکونگا الغرض سپاہی اُسکے علاقے مین ہوکر تو بالکل بے روک ٹوک
چلے گئے لیکن اُسکی سرحد سے نکلتے ہی دوسرے علاقے کے گانون والون نے
اُنپر حملہ کیا اور لوٹا مارا اُنکے ساتھ دسوین ہندوستانی پلٹن کا ایک انگریزی افسر بھی تھا
اُنھون نے اُس سے وعدہ کیا تھا کہ ہم تمکو صحیح سلامت لکھنؤ لے جائینگے ــ
جب گانون والون نے انپر حملہ کیا تو اُنھون نے اُس افسر سے کہا کہ ہمارا ساتھ
چھوڑ دیجیے آپ ہی کے سبب سے ہمپر حملہ ہوا وہ افسر مجبور ہوکر اُنکے ساتھ سے جدا
ہوا اور تھوڑی دیر تک ادھر اُدھر پھرتا رہا جب ایک ندی اُترنے لگا تو اُسکو دیکھا کہ
ہمنے بعد اسکے سنا کہ لو لگ گئی اور لوگ اُسکو ادھموا ایک گانون مین اُٹھا لے گئے
تھوڑی دیر کے بعد دم اُسکا تمام ہوگیا۔ ہم جون کی ۲۰ تاریخ ہفتہ کے دن تک بالکل
بے کھٹکے کسورہ مین بنے رہے مگر اُسدن توپون کی آواز سخت سُنکر متردد ہوے
پہلے تو ہمنے یہ سمجھا کہ سلامی سر ہو رہی ہوگی لیکن پھر ہم لڑائی کی توپون کی خاص آواز کو

پہچان گئے کیونکہ خالی باروت کی تھیلی بھر کر چھوڑنے کی آواز اور ہی طرح کی ہوتی ہے اس آواز سے اور فیر کے متواتر اور تا بہ دیر رہنے سے ہمکو یہ یقین ہوا کہ قلعے پر حملہ ہو رہا ہے جوابی توپوں کی آواز بھی ہمکو متمیز ہوتی تھی دن میں گرمی کے وقت تھوڑی دیر تک فیر کم رہی لیکن شام کے قریب پھر شدید ہو گئی تمام رات اور اگلے دن کے دوپہر تک اُسی طرح برابر رہی پھر کم ہو گئی لیکن جسطرح پہلے دن ہوا تھا پھر شدت سے شروع ہوئی انمیں ایک توپ بڑی بھاری تھی اور وہ لڑائی کے وقت پانچ پانچ یا دس دس منٹ پیچھے چلتی تھی اور ہم اس خیال سے کہ یہ قلعہ والی توپ ہے اور یقیناً ہر فیر میں دشمن کا بڑا نقصان کرتی ہوگی اپنی ہمت بندھاتے تھے چونکہ ہم مجبور تھے کہ نکمے بیٹھے رہیں اور اپنے ہموطنان محصور کی کسی طرح مدد نہیں کر سکتے تھے ان کمبخت گھنٹوں میں ہماری گھبراہٹ اسقدر تھی کہ دل اُلٹا جاتے تھے - جب فیر شروع ہوئی تو پردون صاحب نے ہردیو بخش کے پاس ایک پیغام بھیجا (کیونکہ ہمکو اُنکے پاس جانے کی ممانعت تھی اور وہ بھی کبھی ہمارے پاس نہیں آتے تھے) اور یہ کہلا بھیجا کہ آپ ہمارے لوگون کی مدد کو کچھ اپنے آدمی بھیج دیجیے اور اگر وے لوگ باغیون پر حملہ کرینگے یقیناً سرکار سے بڑا انعام پائینگے لیکن ہردیو بخش نے در جواب اُسکے یہ کہلا بھیجا کہ یہ امر ناممکن ہے میں نہیں کر سکتا کیونکہ میرے آدمی اگرچہ آپ لوگون کی جانین بچانے اور دھرم پور پر کوئی حملہ ہو تو اُسکو دفع کرنے پر دل سے آمادہ ہیں لیکن گنگا اُترنے یا باغیون سے مقابلہ کرنے پر رضامند نہیں ہیں اسوقت ہمارے پاس فتح گڑھ کے حالات کی نہایت متناقض خبرین آ رہی تھیں ایک آدمی کہتا تھا کہ باغی قلعہ کا کچھ نہیں کر سکے آپ کی توپ سے اُنکا بہت نقصان ہوا حتی کہ اُنھوں نے قلعہ کے لینے کا عزم فسخ کر کے دہلی چلے جانے کا ارادہ کیا ہے - ابھی اچھی طرح

یہ آدمی جانے بھی نہیں پایا تھا کہ ایک اور گانون والا یہ خبر سنا گیا کہ ہماری ہمت ہار دینا تھا کہ آپ کے لوگ مغلوب ہو گئے ہین اور برابر لڑائی لگی رہنے کے سبب بالکل تھک گئے ہیں بیر دن رات اپنی جگہہ کھڑے رہنے کے سبب انکے پانون سوج گیا تھی جیسے ہو گئے ہین اور بسبب کثرت بیداری کے آنکھیں نکلی پڑتی ہین - اتنے مین ایک قاصد ہردیو بخش کے پاس سے جھپٹا ہوا آیا اور انھون نے یہ کہلا بھیجا کہ میرے پاس ٹھیک خبر پہونچی ہے کہ آپ کے لوگ سب خیر و عافیت سے ہین اور اکتالیسوین پلٹن ایسی دل شکستہ ہو گئی ہے کہ محاصرہ اٹھا کر کل صبح کو روانہ ہو جانے والی ہے - ابھی وہ قاصد یہ خبرین کہنے بھی نہ پایا تھا کہ گانون کے لوگون نے ہم سے کہا کہ نانا باغیون کو ایک لاکھ روپیہ دینے کہتے ہین اگر وے لوگ قلعہ فتح کر لیں اور انگریزون کو مار ڈالیں - اور باغی یہ ارادہ کر رہے ہین کہ آج کی رات سیڑھیان لگا کر قلعے پر چڑھ جائین الغرض یہی حال تا بیہان تک کہ ۲۲ - تاریخ کو ہمنے ہردیو بخش کے ایک آدمی کو اس بات پر آمادہ کیا کہ ذرا فتح گڑھ جا کر دریافت تو کرو کہ درحقیقت وہان کا کیا حال ہے وہ یہ اقرار کر کے روانہ ہوا کہ اگلی رات کو واپس آ کر خبر دونگا - ۲۲ - تاریخ کو دن ڈھلے ہم اکٹھے بیٹھے ہوے توپ کی آواز سن رہے تھے اسوقت یہ آواز بہت تواتر کے ساتھ تھی اور اپنے دلون مین بہت اداس تھے کہ اتنے مین پروبن صاحب کے پاس بیچارے ہمارے دوست رابرٹ تھارن ہل صاحب جج فتح گڑھ کے پاس سے ایک چٹھی آئی قاصد جو یہ چٹھی لایا تھا شام کے وقت قلعے سے چلا تھا اور اسطور پر محاصرین کے ہاتھون سے بچ آیا تھا کہ دیوار قلعہ سے گنگا مین کود پڑا اور دریا تیر کر آیا وہ چٹھی نہایت عجلت اور نہایت ناامیدی بلکہ یاس محض کی حالت مین لکھی گئی تھی صاحب نے یہ خبر لکھی تھی کہ پچھلے ۴۸ - گھنٹہ اکتالیسوین پلٹن نے برابر قلعہ

حملہ کرتی رہی پھر سئو کے پٹھان اُنکی مدد کو آ گئے قلعے کے سپاہی بالکل تھکے ہوے ہین
اور سب مارے جائینگے مگر آنکہ خدا یاوری کرے اور جلد ہی سے کوئی مدد بھیج دے
اُنھون نے پروبن صاحب سے بسماجت یہ درخواست کی تھی کہ آپ ہردیو بخش کو
ترغیب دیجیے کہ جتنے آدمی وہ جمع کر سکے ساتھ لیکر ہماری مدد کو پہونچے اور اُس سے
یہ اقرار کرنا چاہیے کہ اگر وہ ایسا کریگا تو اُسکو بہت بڑا انعام دیا جائیگا اور جو اُسکے آدمی زخمی
ہونگے اُن سب کو پنشن ملیگی اور جو شخص مارے جائینگے اُنکے پس ماندون کا تکفل سرکار
سے ہوگا۔ پروبن صاحب نے ایک قاصد کے ذریعے سے پھر ہردیو بخش کے پاس
کہلا بھیجا لیکن کچھ جواب باصواب نہ آیا۔ پس ہم سے کیا ہو سکتا تھا سوائے اسکے
کہ بیچارے اپنے قلعہ والے دوستون کو جواب مین یہی حال لکھ بھیجا کہ ہم سے کچھ
نہین ہو سکتا ہمنے لکھنے کو تو یہ لکھا لیکن ہمارے دل ٹکڑے ہوے جاتے تھے پروبن صاحب
نے تھارن ہل صاحب کو یہ صلاح بھی لکھی کہ آپ فرخ آباد کے سادھوون سے مدد حاصل
کرنے مین کوشش کیجیے کہ یہ فرقہ اگرچہ مذہبی لوگ ہین لیکن بڑے لڑنے والے ہین اور لوگ
کہتے ہین کہ وے سپاہیون کے جانی دشمن ہین اور ضرور اُنکا مقابلہ کرینگے اُسی وقت
یعنی دن ڈھلے فرخ آباد کے دو مہاجن ہم سے ملنے آئے ہین نے اُنکو دیکھتے ہی پروبن صاحب
سے کہا کہ مجکو انکے ڈھنگ اچھے نہین معلوم ہوتے اور مجکو یقین ہے کہ انکے آنے مین
کچھ خیر نہین یہ جاسوس معلوم ہوتے ہین۔ لیکن پروبن صاحب نے کہا کہ مین انکو
جانتا ہون یہ خیر خواہ ہین مہاجنون نے ہماری مصیبت ناک حالت پر نہایت رحم
ظاہر کیا کہ ہم اُسوقت ایک گاوخانے مین بند تھے کسی طرح کا آرام میسر نہ تھا جائے
ایک تار نفس ہین اُنکی ہوئی نہین۔ اُنھون نے ہم سے کہا کہ ہمارے دل بے قرار ہین

کہ کسی طرح کی مدد آپ ہم سے مانگین اور ہم دین فتح گڑھ کی خبر مین اُنھون نے بہت شہادت
موافق مراد بیان کین کہ باغی اور مئو کے لوگ نہایت دل شکستہ ہین اور کچھ اندیشہ
نہین ہی قلعہ والون پر اُنکو دست رس ملنا محال ہی تب وے ہم سے رخصت ہوے
اور کہہ گئے کہ ہم آپ کے پاس جو کچھ فرخ آباد مین ہوا کریگا اُسکی خبر روزمرہ بھیجتے رہینگے
ایک رات دونون طرف سے متواتر فیر ہوتے رہے اور گانون کے چند آدمی دن کو
گنگا کے پاس تھے اُنھون نے لوٹ کر ہم سے کہا کہ دریا کنارے بندوقون کی فیرین
بھی بہ کثرت سُن پڑتی تھین ایسی سخت لڑائی ہو رہی ہی کہ دونون طرف کا نقصان
بہت ہوا ہوگا۔ ۲۳ تاریخ دن ڈھلے کے قریب ہمارا قاصد واپس آیا وہ کسی حکمت سے
قلعہ کے اندر پہونچا اور اندر کے لوگون کو دیکھا اور اُنسے باتین بھی کین بلکہ خود
تھارن ہل صاحب اور رابرٹ لوئیس صاحب سے گفتگو کی۔ اُسنے بیان کیا کہ
مجکو سپاہیون نے پکڑ لیا تھا اور مین نے اپنے بچانے کے لیے مجبور ہو کر وہ چٹھی جو
لوئیس صاحب نے آپ کے نام دی تھی اپنے پاس سے پھینک دی پھر اُسکو بہتیرا ڈھونڈھا
کیا نہ ملی۔ قلعہ والے لوگ حالت یاس مین ہین اور اگرچہ نہایت استقلال سے لڑ رہے ہین
لیکن آخر آدم زاد ہین کہان تک ڈٹے رہین۔ جتنے سپاہی قلعے مین بچے ہین رات دن کمربستہ
رہتے ہین اور ایک لحظہ اپنی جگہ سے نہین ہٹ سکتے لڑنے والے جوان اصل مین کل
تئیس ۲۳ تھے انمین سے بھی اب بہت کم ہو گئے ہین کرنیل ٹکر صاحب اور مسٹر جونس صاحب
اور ایک توپخانے کا سرجن اپنی اپنی جگہ کھڑے تھے گولیان لگین مر گئے دسوین پلٹن کے
فلی سور صاحب زخمی ہوے تھارن ہل صاحب کو اتفاقاً اُنھین کے ہاتھ سے داہنے
بازو مین گولی لگ گئی۔ میمین عورتین اور بچے قلعے کے اندر میجر رابرٹسن صاحب کی

کوٹھی ہین ہین وہان وے لوگ گولون سے بالکل محفوظ ہین - اُنمین سے ایک عورت کے
گولی لگی اور مرگئی وہ اُس سارجن کی میم تھی جو مارا گیا اُس میم نے پہلے اپنے شوہر کا
قصاص باغیون سے خوب لیا دیر تک مورچے پر رفل لیے کھڑی رہی اور بہت باغی
مارے یہان تک کہ خود بھی ماری گئی - قاصد نے ہم سے بیان کیا کہ کرنیل سمتھ صاحب
جنکا نشانہ کبھی خطا نہین کرتا ایک رفل لیے ایک دیوار پر کھڑے ہوے دشمن کے خوب
آدمی مار رہے ہین اور اپنی جگہ سے کسی وقت نہین ہٹتے وبرٹ صاحب (جیسا کہ ہم
بھی اُنکی بے باکانہ عادت سے ایسا ہی خیال کرتے تھے) قلعے مین درحقیقت سب سے
پیش دست ہین اور شدت کی آتش باری ہین ادھر اُدھر جا کر سب کی ڈھارس بندھاتے ہین
لیکن ہمارے قاصد نے صاف بیان کیا کہ یہ سب لاحاصل ہے کیونکہ حملون کا دفعیہ زیادہ نہین
کرسکتے اس سبب سے کہ قلعے والون کا سامان جنگ ہوچکنے کو آیا اور دشمن نے قلعے مین
سُرنگ لگانی شروع کی ہے اور کل جو ایک سُرنگ اُڑائی تھی اُس سے ایک مورچے کا بڑا
نقصان ہوا باغیون نے دو مرتبہ ارادہ کیا کہ اُس جگہ سے جو صدمہ سُرنگ سے ٹوٹ
گئی تھی قلعہ پر دھاوا کرین لیکن دونون دفعہ بڑے نقصان کے ساتھ ہٹا دیے گئے -
ملتان خان ایک مئو کا پٹھان ان لوگون کو دوبارہ لیکر چڑھا (یہ وہ شخص تھا کہ چند روز
ہوے جب ہم پر شمس آباد مین حملہ ہوا تھا تو ہم اُسی کے طفیل سے بچ گئے تھے)
اُس دفعہ کے سر سے پر اس شخص کے گولی لگی اور مرگیا ہم فرخ آباد کا یہ حال سنکر نہایت
مغموم ہوے اور ہمکو اپنی حفاظت کی نسبت بھی بہت خطر پیدا ہوا کیونکہ قاصد نے
ہم سے یہ کہا کہ وہ مہاجن جو آپ سے کل ملاقات کر گئے ہین یہان سے لوٹ کر گنگا اُترتے ہی
سیدھے نواب اور اکتالیسوین پلٹن کے صوبہ دار کے پاس چلے گئے اور اُنکو جا خبر دی

کہ ہم فتح گڑھ اور بداؤن کے کلکٹرون کو دیکھ آئے ہین یہ لوگ سڑک سے پورب کی طرف
اُسکے متصل ہی ٹھاکر کستوری سنگھ کے مویشی خانے مین چھپے ہوے ہین تھوڑے سے
ہتھیار بند آدمی بہ آسانی اُنکو گرفتار کرکے مار ڈال سکتے ہین نواب اور صوبہ دار نے یہ خبر
پاکر کہا کہ بفور اسکے کہ قلعہ لے لیا جاے اور سوا اس کام سے فراغت پائین ہم اُنکی
گرفتاری کا بندوبست کرینگے - دو راتین اور دو دن اسی مصیبت سے ہمپر اور
گذرے توپون کی آوازین اُسی شدت سے چلی آتی تھین لیکایک مجھکو یاد پڑتا ہی کہ ۲۹-
تاریخ کی صبح کے پانچ بجے کے قریب آواز بند ہو گئی سگا ہمنے خیال کیا کہ محاصرین نے
دھاوا کر دیا اور فتح یاب ہوے اور ہم چپ اُداسی کی حالت مین ایک دوسرے کا
مُنھ دیکھنے لگے بار بار دل مین یہ یقین ہوتا تھا کہ بیچارے ہمارے دوست اور
بالا فاتی مرد عورتین بچے دشمن تشنہ خون بے رحم نے اسوقت تہ تیغ بے دریغ کیے ہونگے
دو گھنٹے سے زیادہ بالکل سناٹا رہا وزیر سنگھ خبر لانے باہر گیا مگر ناکام پھر آیا ہماری
طرح گانون کے لوگ بھی مطلق نہین جانتے تھے کہ کیا ہوا اُسوقت دلون کا جو حال تھا بیان
نہین ہو سکتا یکایک بڑی بھاری توپون کے غیر متواتر اور بے قاعدہ شروع ہونے
سے ہمنے اُس سناٹے اور حیرت کی حالت سے جو ہمپر طاری تھی افاقہ پایا آواز سابق
کی بہ نسبت اور طرف سے آتی تھی اور فتح گڑھ سے دریا کے بہاو کی طرف زیادہ
ہٹی ہوئی معلوم ہوتی تھی - ہم ہر ایک آواز کو خوب کان لگائے سُن رہے تھے اور
اُسی چھوٹی سی جگہ مین جسمین ہم رہتے تھے ٹہل رہے تھے اتنی مجال نہ تھی کہ ایک
دوسرے سے بات کر سکین اتنے مین ہردیو بخش کے پاس سے ایک قاصد آیا فیر کے
بند ہوتے ہی بہت تڑکے یہ شخص گنگا کے کنارے پر بھیجا گیا تھا تاکہ تحقیق خبر لاسکے

جوحال اسنے وہان دیکھا اپنے آقا سے جا بیان کیا اُنھون نے اُسکو ہمارے پاس
بھیج دیا کہ جاؤ وہان یہ خبر دے آؤ۔ یہ خبرین نہایت مصیبت ناک تھین رات کے
وقت انگریزون نے قلعہ خالی کر دیا اور تین ۲ کشتیون مین چلے گئے یہ کشتیان محاصرے سے
پہلے قلعے کے محاذی دریا مین اس غرض سے باندھ رکھی تھین کہ ضرورت کے وقت
موجود رہین۔ ان لوگون کو یہ امید تھی کہ چپ چاپ دھار پر سے چلے جائینگے اور صبح نمودار
ہونے سے پہلے سپاہیون کے نشانہ کی مار سے نکل جائینگے لیکن عورتون اور بچون کو
کشتیون مین سوار کرنے اور اسباب اور سامان جنگ اور رسد کے لادنے مین اسقدر
وقت ضائع ہوا کہ تھوڑی دور چلکر دن نکل آیا لوگون نے انکو دیکھ لیا جب انھون نے
دیکھا کہ ہم دیکھ لیے گئے اور سب کو خبر ہو گئی کشتیون کو اسطرف موڑا اور بیچ دھار سے
نکل کر ادھر والے کنارے کی طرف چلے آرہے تھے یکایک جو کشتی بڑی بوجھل تھی فتح گڑھ
سے تین میل کے قریب ادھر آکر ریت مین اٹک گئی اور باوجود یکہ جتنے مرد اسمین سوار تھے
اُنھون نے بہت کوششین کین اور اسے ہلکا کرنے اور ڈھکیلنے کے لیے دھار مین
بھی کود پڑے تاہم وہ سرکتی نہ تھی اپنی جگہ جمی ہوئی تھی تب ضرور ہوا کہ اس کشتی کو چھوڑین
اور پاس والی کشتی کو پیچھے ہٹا لے جائین تا اُسکے لوگ اسپر سوار کیے جائین اُس کشتی کو
دھار پر اُلٹا لوٹانا پڑا۔ جسوقت ان بدنصیب لوگون کو ایک کشتی سے دوسری
کشتی مین منتقل کر رہے تھے سپاہی بڑی بھاری چار توپین دریا کے کنارے
پر کھینچ لائے اور کشتیون کے محاذی کھڑی کر کے گولے مارنے شروع کر دیے۔
یہ وہی فیرین تھی جو اسوقت سُن پڑتی تھین اور ہم ڈر رہے تھے کہ انکے مارے سب کے
دھوین اُڑ جائینگے۔ چونکہ فیر بند نہین ہوتی تھی قاصد وہان سے بلا انتظار انجام

اُسوقت چلدیا کہ جب دوسری کشتی اُن لوگون کو سوار کرا کے دھار پر بہی جاتی تھی
اُسنے ہماری تسلی کی صرف ایک بات یہ کہی کہ کشتیان گراپ کی مار سے باہر تھین اور
چونکہ فیر اونچی ہوتی تھی اکثر گولے ان لوگون کے اوپر ہو کر چلے جاتے تھے اور دریا کے
اُس کنارے ریت مین دھس جاتے تھے — ہمنے اُسکی منت کی کہ ذرا اُبھر جاؤ اور
خبر لاؤ ہم ان خبرون کا انتظار ایسے اضطراب کے ساتھ کر رہے تھے کہ وہ حالت غم و خوف
بیان سے باہر ہے لوگ مختلف خبرین کہتے چلے آ رہے تھے کسی وقت یہ خبر آتی تھی کہ کشتیاں
غرق ہوئین — دوسرے وقت کوئی یہ کہدیتا تھا کہ کشتیان صحیح سلامت دھار پر بہی
چلی جا رہی ہین اور سپاہیون کے گولون کی مار سے باہر ہین ہم امید کر رہے تھے کہ
یہی سچ ہوگا کیونکہ فیر آہستہ آہستہ کم ہوتی گئی اور پھر کئی گھنٹے تک بالکل بند رہی
لیکن دن ڈھلے چار بجے کے قریب ہم بڑی بھاری توپون کی فیر سنکر پھر چونک پڑے
ظاہرا یہ آواز دریا کے بہاؤ کی طرف بڑے فاصلے پر نیچے ہٹتی ہوئی آتی تھی ایک
گھنٹے کے قریب تک رہی اُسوقت ہم ایک نہایت غمناک اور تذبذب کی حالت مین تھے
فقط اڑتی اور متناقض خبرین ہمارے پاس آئین یہان تک کہ بہت رات گئے پیچھے
ایک سوار جسکو ہردیو بخش نے دریا پر بھیجا تھا یہ ہولناک خبرین لیکر واپس آیا کہ دو
کشتیان جو فتح گڑھ سے بچ بھاگی تھین ایک تو موضع سنگرام پور کے پاس ریت مین اٹک
گئی اور باوجودیکہ اُسکو بہانے مین ہر طرح کی کوشش کی گئی جگہ سے نہ ہل سکی سپاہی کنارے
کنارے اس کشتی کی رفتار کے مراقب حال تھے تو پین اس کشتی کے محاذی کھینچ لائے
اور گولے مارنے شروع کیے دو کشتیان سپاہیون سے بھری ہوئی براہ دریا اور آ پہونچین اور
مار کی حد پر پہونچتے ہی بندوقون کی بڑی بھاری فیر ان کم نصیب لوگون پر مارنے لگے

اور جب بہت قریب آپہونچے برستی آگ مین اُس کشتی پر جا پڑے اب کوئی چارہ نہ رہا جو لوگ کشتی مین تھے اُنمین سے بہت سے گنگا مین کود پڑے اور بُری موت کے مُنھ مین گرے یا تو گولی مار دیے گئے یا ڈوب گئے بعضے کشتی مین قتل کیے گئے تین یا چار میمین گرفتار ہو گئین اور اُنکو باغی کنارے پر لے گئے ۔ دوسری کشتی جو بڑے فاصلے پر آگے تھی اگرچہ اُسپر بھی سنگرام پور مین حملہ ہوا لیکن کسی حکمت سے بچ بھاگی سُنتے ہین کہ اسمین ٹومس صاحب اور تھارن ہل صاحب بھی تھے ۔ یہ خبر ایسی تھی کہ اگر ہم اسکو باور کرتے تو نہایت خوفناک تھی اور اُسکی تکذیب بھی بالکل نہین کر سکتے تھے ہمنے امید کی کہ کل کچھ اچھی خبرین آئینگی وہ کمبخت رات کسی طرح پوری کی چُپ اور گرداب غم مین ڈوبے ہوے کبھی بیٹھتے تھے اور کبھی اُٹھکر اُس چھوٹی سی جگہ مین ادھر اُدھر ٹہلتے تھے ہم تینون شخص متواتر عاجزی کے ساتھ ملکر دعائین مانگتے تھے کہ خدا اپنے بیچارے بندون کو جو اُسکے نام پاک سے پکارے جاتے ہین اپنے رحم بے حد سے بچائے اور دشمن کے ہاتھون سے نجات دیکر کسی امن مین پہونچائے ۔

جو خبرین پہلے دن آئی تھین آج کی خبرون نے اور انکی تائید کی جو لوگ پچھلی کشتی مین تھے اُنمین سے سوائے تین عورتون فزجیرلڈ صاحب کی میم اور جون صاحب کی میم اور اُنکے ساتھ آٹھ یا نو برس کی لڑکی کے کہ ان سب کو فرخ آباد لیجا کر نواب کے حوالے کر دیا کوئی نہین بچا ۔ ایک مرد بھی بچ گیا ہم سے لوگون نے بیان کیا کہ وہ سارجن تھا اور زخم مہلک کھا کر ہردیو بخش کے دیہات مین سے ایک گانون کے متصل کنارے آلگا اور ہردیو بخش کے حکم سے لوگون نے اُسکو پناہ دی اور حفاظت کی بعد ازان ہمنے جانا کہ یہ شخص سیجر رابرٹسن صاحب تھے اسوقت گورے وغیرہ کی

آوازین بند تھین ہنگامۂ قتل ختم ہوگیا تھا اور فیر بھی نہین سُن پڑتی تھی اسی لیے اب
ہمکو صرف اُتنا ہی کام تھا کہ اپنا بسیتا کرین کیونکہ ہمارا مقام اب محل خطر عظیم ہوگیا تھا
اٹھائیسوین پلٹن کے سپاہی جو سب بے کھلاتے تھے اب فارغ ہوگئے تھے اور سُنا گیا
کہ نواب اُس خبر پر عمل کرکے جو اُسکو مہاجنون نے ہمارے مقام اختفا کی نسبت دی
تھی کچھ لوگ ہمارے گرفتار کرنے کے لیے بھیجنے والا ہی اُسنے گنگا پار ہر دیو بخش کے پاس
ایک قاصد بھیجا اور یہ کہلا بھیجا کہ انگریزون کی سلطنت اب تمام ہوگئی ہمنے جتنے آدمی
اُنکی قوم کے فتح گڑھ مین تھے سب مار ڈالے۔ نواب نے ہر دیو بخش سے ایک لاکھ روپیہ
پیشگی نئی سلطنت کے مدد خرچ کے طور پر طلب کیا لیکن ساتھ ہی یہ کہلا بھیجا کہ اگر تم
پروبن صاحب اور اڈوارڈ صاحب دونون کلکٹرون کے سر کٹوا کر شام تک ہمارے
پاس بھیج دو تو ہم اس مطالبہ سے دست بردار ہونے کو موجود ہین اس مطالبہ کی
خبر فوراً ہم تک پہونچی اور لوگون نے ہم سے کہا کہ ہر دیو بخش نے یہ خیال کیا ہی کہ استمالت
بہت مناسب ہی اُسنے نواب کو در جواب یہ کہلا بھیجا کہ مین معاملے مین غور کرونگا اور
پھر آپ کو جواب دونگا ہم خاصی طرح مطمئن تھے کہ ہر دیو بخش ہرگز ہمکو نواب کے حوالے
نہ کریگا لیکن ہمنے سوچا کہ اپنے بچاؤ کے لیے جو کچھ ہم سے بن پڑے کرنا مناسب ہی
ہر دیو بخش کو برانگیختہ کرنا چاہیے کہ نواب سے مقابلہ کرے اسی لیے ہمنے اُنکو یہ منت
کہلا بھیجا کہ ہم سے ایک ملاقات کر جائیے (کیونکہ ہم تو مجاز نہ تھے کہ دھرم پور مین جا کر اُنسے
ملین) کئی دن کے عرصے کے بعد ہر دیو بخش بڑی رات گئے ہم سے ملنے آئے اُتنے
دنون تک ہم اس عذاب سخت مین مبتلا تھے کہ اکثر یہ خبرین آتی تھین کہ فتح گڑھ سے سوار
ہمارے گرفتار کرنے کے لیے کسورہ کی طرف چلے آرہے ہین اور اگر دسے لوگ

کچھ بھی مستعد ہوتے تو آسانی سے ہمکو گرفتار کر سکتے تھے۔ ہردیو بخش ہمارے اور
اپنے اہل و عیال کے بچانے مین ظاہرا سخت متردد تھا اور چونکہ اُسنے ہمکو پناہ دی تھی
ہمارا اور اُسکے خاندان کا بچاؤ باہم وابستہ یکدگر ہو گیا تھا اُسنے ہم سے کہا کہ علاوہ اُس
پیغام کے جو آپ لوگون کو بھی معلوم ہوا نواب اور صوبہ دار افسر باغیان کے پاس سے اور
بہت پیغام میرے پاس آئے ہین کہ اگر تم انگریزون کو حوالہ نہ کروگے تو اسکا انتقام
بالکل تم سے اور تمھارے لوگون سے لیا جائیگا اُسنے ادھر اُدھر کے حالات اور بھی
زیادہ مصیبت ناک بیان کیے کہ کانپور مین نانا صاحب باغیون کے سردار ہوے
اور انگریز لوگ اسطرح تباہ ہوے کہ ایک کتا بھی چھاونی مین نہین بچا۔ آگرے کا محاصرہ
ہو رہا ہی۔ دہلی مین انگریزی فوج نے شکست کھائی اور شہر کے پاس ایک پہاڑی
کی چوٹی پر گھری ہوئی ہی۔ فوج اودھ بھی باغی ہو گئی اور لکھنؤ مین سمٹ آئی لیکن
اُسنے ہم سے کہا کہ آپ باور کیجیے مین آپ کو نواب کے حوالے ہرگز نکرونگا بلکہ اگر
کچھ فوج فرخ آباد سے دھرم پور کی طرف آپ لوگون کی گرفتاری کے لیے آئیگی
تو مین اپنے لوگون سے حتی المقدور اُسکا مقابلہ کرونگا مگر طریق دانشمندی مین
اسکو سمجھتا ہون کہ اُنکی استمالت کرتا ہون اسی لیے مین نے اپنا مختار معتمد نواب
کے پاس بھیج دیا ہی اور یہ کہلا بھیجا ہی کہ مین آپ کے ساتھ ہون لیکن چونکہ مین
اُسوقت سے کہ اودھ مین سرکار نے اپنی عملداری کی مطیع سرکار انگریزی رہا ہون
مناسب نہین معلوم ہوتا کہ لکھنؤ سے مراسلت کیے بدون کوئی کام کرون
وہان مین نے ایک قاصد بھیجا ہی اور وہان کے حکام کو اطلاع دی ہی کہ میرے پاس
دو صاحب کلکٹر ہین اور اُنسے پوچھا ہی کہ مین انکو کیا کرون اگر وہان سے اور کچھ

حکم نہ آیا تو مین انگریزون کو آپ کے حوالے کر دونگا لیکن قبل اسکے کہ مین کوئی کام
کرون مجھے لازم ہی کہ اُس قاصد کے واپس آنے کا منتظر رہون اور وہ قاصد دس یا بارہ
دن مین واپس آئیگا — ہردیوبخش نے ہم سے کہا کہ نواب اور صوبہ دار اس عذر کو
مان گئے ہین — ہردیوبخش کی یہ غرض تھی کہ کسی طور پر مینھ برس جائے تک جو عنقریب ہونے والا
تھا مہلت مل جائے پھر تو رام گنگا اور گنگا طغیانی پر ہونگی اور تمام علاقے مین پانی پانی
ہو جائیگا دھرم پور اور کسورہ جزیرے بن جائینگے جنکے گرد اگرد کوسون پانی ہوگا تب
مین سپاہیون سے لڑائی مول لونگا کیونکہ انکو توپون کا لانا محال ہوگا اور بے توپخانہ
انکو آنے کی ہمت نہ ہوگی — قریب صبح ہردیوبخش ہمارے پاس سے رخصت ہوے
انکی ملاقات سے بھی کچھ ہماری ڈھارس بندھی وہی تردد اور تذبذب کی حالت
رہی جب سے فتح گڑھ ٹوٹا لوگون کا طرز گفتگو ہمارے ساتھ بالکل بدل گیا نہایت
گستاخ ہو گئے دبانے دھمکانے لگے صاف ہمارے منہ پر کہتے تھے کہ ہم آپ کے
خیرخواہ نہین ہین — صرف کنور کا خوف ہمکو روکتا ہی کہ ہم آپ کا بکھیڑا ابھین چکا
(یہ لوگ ہردیوبخش کو کنور کہا کرتے تھے) اسکے ایک یا دو دن کے بعد ہردیوبخش کا
ایک رشتہ دار جسکو کلکٹر صاحب کہتے تھے اپنا ایک اور رشتہ دار ساتھ لیے
جسکو ہم جانتے تھے کہ ہم سے سخت عداوت رکھتا ہی ہم سے ملنے کو آیا انکا آنا ہمارے
حق مین کچھ بہتری کی نشانی نہ تھا اور نہایت بے دلی سے ہم اُنسے ملے اور اُنسے
گفتگو کرتے رہے انھون نے ہم سے کہا کہ یہ امر محال ہی کہ ہردیوبخش اب آپ لوگون کو
بچا سکے اُسنے ہم لوگون کو بھی خطر مین ڈال رکھا ہی پس آپ لوگ اُسکی پناہ سے
چلے جائیے اور اپنا بندوبست آپ کیجیے اور انھون نے ہم سے کہا کہ ہردیوبخش نے

ہمین یہی کہنے کو آپ کے پاس بھیجا ہی کہ آپ لوگ رام گنگا کی راہ کشتی مین سوار
ہو کر کانپور چلے جانے کی تیاری کیجیے کانپور ابھی نہین لوٹا اور وہان آپ آسانی سے
پہونچ سکتے ہین ہمنے اسمین بہت عذر کیا اور کہا کہ چند روز ہوے ہردیو بخش خود
اپنے دلی خیالات ہمسے بیان کر گئے تھے یہ امر اُنکے بالکل برخلاف ہی لیکن
کلکٹر صاحب نے کچھ معذرت نہ سُنی اور ہمکو حکم دیا کہ کل شام تک ضرور چلنا ہوگا
تیار رہیے ایک کشتی آپ لوگون کے لیے منگوائی گئی ہی اُسوقت آجائیگی اُس
گانوُن کے دو بڈھے ٹھاکر جو برابر ہمپر جب سے ہم اس گانوُن مین آئے تھے
مہربانی کرتے تھے اور اخلاق سے پیش آتے تھے اور اسی طرح ایک غریب برہمن
سیتارام کہ وہ بھی نہایت مہربانی اور ہمدردی ظاہر کرتا تھا یہان تک کہ اپنے
بال بچون کو دودھ نہ دیتا بلکہ پروبن صاحب کے بچون کے لیے لے آتا ان سب
لوگون نے ہمکو یہی صلاح دی کہ آپ کشتی مین نہ جائیے کیونکہ اگر ایسا کیجیے گا تو آپ
دو کوس بھی نہ چلنے پائیے گا کہ کنارے والے دیہات کے لوگ آپ کو مار ڈالینگے
ہمنے ارادہ کیا کہ ہردیو بخش کو اس مقدمے مین کچھ کہلا بھیجین لیکن ہمارے قاصدون
کو رام گنگا نہ اُترنے دیا جو ہم مین اور دھرم پور مین واقع تھا اور اسی لیے ہم بالکل
مجبور تھے اور سوائے اسکے کہ حکم کی تعمیل کرین اور کچھ نہ کر سکتے تھے پس ہمنے روانہ
ہونے کی تیاری کی اور ہم جانتے تھے کہ اسکا انجام موت ہی ہم تو ہم ہندوستانی
اس درجے پر یقین کیے ہوے تھے کہ یہ سفر ہمارے حق مین باعث ہلاکت ہوگا
کہ پروبن صاحب کے تین نوکر جو اب تک وفادار تھے اب اُنھون نے بھی انکار کیا کہ
ہم آپ کے ساتھ نہ چلینگے اسوقت مین نے یہ تجویز کی کہ وزیر سنگھ کو اپنے ساتھ

نہ لے جاؤن بلکہ اُسکے ہاتھہ وداع کی ایک چٹھی اور اپنی چھوٹی انجیل نینی تال پر سیم صاحب کے پاس بھیج دون اور اُنکو لکھہ بھیجون کہ مجکو یہ حادثہ پیش آیا مین نے وزیر سنگھہ کو اس غرض سے بُلایا اور اُس سے کہا کہ تم اب ہم سے رخصت ہو کیونکہ ہم اب ایسے سفر کو جاتے ہین جسمین غالبًا ہماری جانین نہ بچینگی مین تمکو اجازت نہین دیتا کہ میرے سبب سے تم بھی اپنی جان ضائع کرو کیونکہ اگر تم ہمارے ساتھہ چلوگے تو یہی ہونا ہے پس تم ایسی کوشش کرو کہ سیم صاحب تک پہونچو اور جو مصیبت مجھہ پر پڑی ہے اُنسے جا کہو اُسنے مجکو چھوڑ جانے سے پہلے تو نہایت بیدلی ظاہر کی آخر کو صرف اس سبب سے رضامند ہوا کہ مین نے کئی دفعہ بالتجا اُس سے درخواست کی تب ہمنے ملکر نماز پڑھی کیونکہ بالتحقیق مین یہ سمجھتا تھا کہ اس دنیا مین ہم دونون کو ملکر نماز پڑھ لینے کا یہ آخری موقع ہے مین نے اُسکو وصیت کی کہ ہرگز ترک ایمان مت کرنا پھر بُت پرست مت بن جانا بلکہ اُسی نجات دہندہ کا دامن پکڑے رہنا جسپر ایک دفعہ ایمان لا چکے ہو اسمین کچھہ ہی پیش آئے ۔ وزیر سنگھہ بہت رویا اور ہم جدا ہوے لیکن تھوڑی ہی دیر کے لیے کیونکہ ایک گھنٹے سے کچھہ ہی زیادہ عرصے کے بعد وہ میرے پاس پھر لوٹ آیا اور پوٹلیا پلنگ پر رکھکے کہا کہ میرا پانون آگے نہین پڑتا اور مین کسی طرح نہین جا سکتا اور میری منت کرنے لگا کہ آپ مجکو اپنے ساتھہ رہنے دیجیے اور یہ بات اُسنے قریب قریب اُنھین لفظون مین کہی جیسے رتھہ نے نامی سے کہی تھی کہ جہان تم جاؤگے مین بھی جاؤنگا اور جہان تم مروگے مین بھی مرونگا ــ مین وہ نہین کہ تم ہو کہین اور کہین ہون مین + مین ایسا شخص ہون کہ جہان تم وہین ہون مین + وہ اسطرح سے میری تقدیر مین شریک رہنے پر مستعد تھا کہ مین مجبور ہو کر اُسکے

ساتھ رہنے پر راضی ہو گیا ہمنے اپنی چھوٹی چھوٹی گٹھریان باندھ رکھی تھین اور تقدیر پر صابر و شاکر ہو کر روانہ ہو جانے کو تیار تھے کہ خدا ے تعالی نے اپنے رحم بیحد سے ہماری دعائین سن لین اور ہمارا جانا روک دیا ایک قاصد رات کے آٹھ بجے آیا ہم تو سمجھے کہ حکم روانگی لایا مگر اُسنے یہ خبر دی کہ کشتی تیار نہین ہے آپ لوگ آج کی رات نہین جا سکتے اس طور پر اُسوقت قضاے مبرم ٹل گئی ہم مین سے کسی کو اتنی بھی امید نہ تھی کہ صبح پکڑنی بھی نصیب ہوگی اسکے بعد ایک یا دو دن ہمکو بے مزاحمت رہنے دیا رام گنگا اِن دنون نہایت طغیانی پر تھی پر ہمسے یہ کہا کہ بسبب طغیانی دریا کے سفر بالکل مامون ہے اگر کشتی بہم پہونچ گئی تو آپ لوگ شام کے وقت روانہ ہو جانے کو تیار رہیے۔ سیتارام اور ٹھاکرون نے پھر ہمکو سمجھایا کہ آپ گانٔون سے جانے مین انکار کیجیے لیکن ہم مجبور تھے اور تسلیم ہی کرتے بن پڑتی تھی رات کے آٹھ بجے مجکو ٹھیک تاریخ یاد نہین ہے ہم گانٔون سے کشتی پر سوار ہونے کو چلے وزیر سنگھ اور پیرون صاحب کے دو خدمتگار جو اسوقت ساتھ چلنے پر از خود آمادہ ہو گئے تھے ہماری مختصر گٹھریان اور چند ضروری چیزین جو کشتی مین ساتھ رکھنے کے لیے ہمنے لے لی تھین لیے ہوے تھے پیرون صاحب اور اُنکی میم ایک ایک بچہ اور مین ایک لڑکا کہ سب بچون مین وہی میرے پاس آتا تھا۔ کستوری بڈھا ٹھاکر گانٔون کی حد تک ہمارے ساتھ آیا۔ لیکن آگے چلنے سے اُسنے پہلوتہی کیا اور کہا کہ مین نہین چاہتا کہ آپ کو اُس طرف لے جانے مین شریک ہون جدھر مین جانتا ہون کہ آپ کو ہلاک کرانے لیے جاتے ہین گانٔون سے رام گنگا کو جو سڑک جاتی تھی اُسمین بالکل کیچڑ اور پانی تھا پیرون صاحب کی میم بیچاری اُس مین مشکل سے چل سکتی تھین۔ ہم آدھ میل کے قریب کشتی کی

سمت مین بڑھے ہونگے کہ ایک قاصد دھرم پور سے ہانپتا ہوا آیا اور کہنے لگا کہ آپ
کشتی کی طرف نہ جائیے کسورہ کے پاس ایک گانون ہے فوراً وہان چلیے کیونکہ سپاہی
دھرم پور پر حملہ کرنے کے لیے فتح گڑھ سے بچھٹے ہوے چلے آرہے ہین اور ہردیو بخش
اپنے آدمی لیکر اُنکا مقابلہ کرنے گئے ہین بموجب اس حکم کے ہم اُلٹے پھرے ہردم
اس انتظار مین تھے کہ اب فیرشن پڑے - تین میل قریب اُس گانون کے سمت مین
گئے ہونگے جہان ہمکو جانے کا حکم تھا کہ اتنے مین دھرم پور سے ایک دوسرے قاصد نے
ہمکو آلیا اور حکم دیا کہ پھر کشتی کو چلیے کیونکہ سپاہی جو دھرم پور کی طرف تھوڑی دور بڑھ
آئے تھے لوٹ گئے اور لوگ کہتے ہین کہ گنگا اُلٹے اُترے جاتے ہین ہم پھر پچھلے
پانون ہٹے اور آدھ گھنٹے کے قریب کسورہ مین ٹھہرے کیونکہ پروبن صاحب کی
بیبی اگرچہ ہر ایک حالت مین نہایت استقلال صابرانہ کرتی تھین اُسوقت نہایت
تھک گئی تھین اور اُنکے کپڑے کیچڑ اور پانی سے شور بور ہو گئے تھے - ہمکو زیادہ ٹھہرنے
نہ دیا بلکہ کہا کہ کشتی پر سوار ہونے کو چلو لیکن خداے رحیم کی مشیت اور ہی کچھ تھی -
جب ہم کسورہ اور دریا کی وسط راہ مین پہونچے ہمنے باخود باصلاح کی آخر چارہ یہ
قرار پایا کہ پروبن صاحب ہم سے آگے آگے جا کر دریا اُترین اور دھرم پور پہونچ کر
ہردیو بخش سے ملاقات کرین ہم یہ سمجھے کہ پروبن صاحب جا کر ہردیو بخش کو سمجھا دینگے
کہ ہم لوگون کو بہ حفاظت صرف ملاحون کے ساتھ کہ وہ بھی یقیناً ہمکو چھوڑ کر بھاگ
جائینگے دریا کی راہ بھیجکر بے رحمی سے موت کے منھ مت جھونکو - چنانچہ پروبن صاحب
آگے بڑھے اور اُنکی بیبی اور بچے اور وزیر سنگھ اور ہم سب اُنکے پیچھے ہوے اور
بہت تھک جانے کے بعد کنارہ رام گنگا پر پہونچے بجاے اسکے کہ ہم دریا کو طغیانی پر

دیکھے جیسا کہ ہم امید کر رہے تھے ہم دیکھکر جی مین دہل گئے کہ دریا اسقدر اُترا
ہوا ہی کہ گویا ایک چھوٹا سا نالہ بن گیا ہی دریا کا پاٹ یہان تک کم تھا کہ دونون کنارے
کے دیہات کے لوگ بہتی ہوئی کشتی تک بے تکلف بندوقین لیکر پہونچ سکتے تھے
لیکن کنارے پر کوئی کشتی نہین تھی ایک لکڑی کا کُندا پروبن صاحب کی میم کو کہ
اسوقت نہایت تھکی ہوئی تھین بیٹھنے کے لیے مل گیا اور ایک خشک جگہ تلاش کرکے
ایک کپڑا بچون کے لیے بچھا دیا وے معصوم بچے ایسے اطمینان سے غفلت کی نیند مین
سوگئے کہ گویا اپنے بچھونون مین سوتے ہین اسطرح ہم یہان ایک گھنٹے کے قریب رہے
اور تعجب کرتے تھے کہ پروبن صاحب تو پہلے کھیوے اُتر گئے تھے اتنی دیر ہوئی اب
نہین آئے اتنے مین ایک آدمی نے ہمکو پکارا چاندنی مین ہمنے دیکھا کہ وہ دریا کے بہاو
کی طرف کچھ فاصلے سے نیچے ہٹ کر ہماری طرف چلا آتا ہی وہ ہردیوبخش کا رشتہ دار نکلا
جو چند روز پہلے کلکٹر کے ساتھ ہمسے ملنے آیا تھا اور اُسکو دیکھکر ہمنے سمجھا کہ کچھ خبر
نہین ہی لیکن اسوقت تو اُسنے ہماری فراست اور قیافہ شناسی کو خوب ہی جھوٹھا
بنایا کیونکہ اُسنے ہمکو یہ مژدہ دیا کہ آپ پیچھے کسورہ کو لوٹ جائیے اور وہان منتظر رہیے
جو کچھ ہوگا وہان کہلا بھیجا جائیگا۔ پس ہم چل کھڑے ہوے بچون مین سے لُسی کو
مین نے اپنی چڈھی چڑھایا اور دوسرے بیچارے کو گود لیا لیکن اب وہ بیچارہ
نہین ہی کیونکہ خدا نے اُسکو اپنے پاس بُلا لیا ہی اور وہ اُسکے دربار مین حاضر ہی۔ راہ مین
ایک ٹھاکر ہم سے ملا اُسنے پروبن صاحب کی میم کو اپنا ہاتھ پکڑا دیا کیونکہ میم صاحب
نہایت تھکی ہوئی تھین اور بے اُسکے سہارے کے انسے آگے کو ہلا نہ جاتا تھا۔
دن کے تین بجے نہایت ماندے پسینے مین تر ہم اپنی پرانی جگہ مین پہونچے کیونکہ ہم

شام کے چھ بجے سے گویا برابر چلتے ہی رہے ہمارے پہونچنے سے ایک گھنٹے کے
بعد پیروبن صاحب بھی ہمسے آملے حسن اتفاق سے ہردیو بخش سے اُنکی ملاقات
ہوئی ہردیو بخش پہلے تو بے کہے سُنے صاحب کے چلے آنے سے ناخوش ہوے لیکن جب
پیروبن صاحب نے حال بیان کیا تب تو اُسنے بہت خاطر کی اور کہا کہ مطمئن ہیے بالفعل
مین نے دریا کی راہ آپ لوگون کو روانہ کردینے کا خیال ترک کردیا تب ہمنے ملکر
نماز پڑھی اور خدا کا شکر کیا کہ اُسنے اپنے کرم سے ہماری آرزو پوری کی اور اس
خطر عظیم سے ایسی اچھی طرح ہمکو نجات دی اور اُسی وقت ہمنے دعا مانگی کہ اے خدا
آیندہ کے لیے ہمکو راہ دکھا اور ہمکو بچا اسکے بعد بہت دن گذرے کوئی نئی بات
واقع نہین ہوئی مگر ایک مرتبہ وزیر سنگھ نے آکر یہ خبر دی کہ مین گانون کے باہر پھر رہا تھا
مجھ سے چند آدمی ملے انکو مین نے فوراً پہچان لیا کہ سپاہی ہین بدن سے ننگے حقیر زدہ حالت
اُنسے یہ معلوم ہوا کہ وے باغیان دہلی مین سے بھاگ کر آئے ہین لوٹ کا مال لیے
ہوے گھر جاتے تھے مین پوری کے قریب گانون والون نے حملہ کیا اور کپڑے تک اُتروا لیے۔
اُنھون نے کہا کہ دہلی مین باغیون کا حال اچھا نہین ہے انھون نے بڑی شکستین اُٹھائی ہین
اور اب کیے کو پچھتاتے ہین اُسوقت تو اس خبر سے کسی قدر خوشی ہوئی لیکن اسکے تھوڑی ہی
دیر بعد دھرم پور سے ایسی خبر آئی کہ ہم پھر اُداس ہوگئے کہ نواب و صوبہ دار ہردیو بخش پر
زیادہ تاکید کر رہے ہین اور متواتر پروانے اس حکم سے بھیجتے ہین کہ انگریزون کے
سر کاٹ کر بھیج دو۔ وے یہان تک کر گذرے کہ شاہ دہلی کا ایک فرمان بنا کر اُسکے
پاس بھیجا جسمین ہم لوگون کے قتل کر ڈالنے کی نسبت خاص حکم شاہی تھا ہردیو بخش نے
اپنے سالے کو کہ وہ اپنے آدمیون مین اُسی پر بہت اعتماد کرتا تھا یہ کہنے کو ہمارے پاس بھیجا

کہ دیکھیے اب مجھ پر کیسا دباؤ پڑا ہی اور آپ کو پناہ دینے مین مجھ پر انہی سخت مشکل آنی ہی
اسی واسطے اُنھون نے اپنے سالے کو اس بات پر خاتمہ کرنے کے لیے بھیجا تھا کہ ناموزون
ترین تدبیر یہ ہی کہ آپ لوگ لکھنؤ روانہ ہو جایئے اور اسی نظر سے ہردیوبخش اُن تعلقداردن
کی معرفت جو لکھنؤ کی راہ مین تھے ایسا بندوبست کرنے لگے جسمین ہم لوگ لکھنؤ
تک باامن پہونچ جائین — ہردیوبخش نے جو ہمکو جانے کی صلاح دی اُسکا باعث
یہ تھا کہ چند روز ہوے اُسکے پاس یہ خبر آئی تھی کہ لکھنؤ پر جو حملہ ہوا تھا بالیقین دفع
کر دیا گیا اور باغی شہر سے چلے گئے — اور چونکہ اُس جگہ جملہ رسد اچھی طرح مہیا تھی
اور سامان جنگ بھی کثرت سے موجود وہان یہ اندیشہ بھی نہین تھا کہ فوج سرکاری
اُس جگہ کو سنبھال نہ سکیگی خصوصاً اس سبب سے کہ رجواڑون یعنی بڑے بڑے
تعلقداردن مین سے کوئی شخص اب تک شریک بغاوت نہین ہوا تھا بلکہ برخلاف
اسکے سپاہیون سے بالکل الگ تھے — ہمنے ہردیوبخش کے سالے سے کہا کہ
ہم ابھی لکھنؤ چلے جانے پر جیسا کہ ہردیوبخش کہتے ہین راضی ہین بلکہ اسکے تو ہم
خود متمنی ہین ہم اپنے دلون مین اس تصور سے زیادہ خوش تھے کہ کسورہ چھوٹیگا
اور پھر بھی ایک دفعہ ہم اپنے دوستون اور ہم وطنون مین اپنے آپ کو دیکھینگے اسی لیے
یہ بندوبست ہوا کہ کسی خاص رات جب راتین اندھیری ہونے لگین ہم سانڈھی کی
راہ لکھنؤ کو روانہ ہون چار منزلون مین لکھنؤ پہونچ جائینگے — اُس شب معہود کو ہمارے
گھوڑے جنکو ہمنے ابتداے ۹ جون سے دیکھا بھی نہ تھا تاریکی ہونے کے بعد دھرم پور
سے بھیج دیے گئے تا کہ مجکو اور بروبن صاحب کو لے جائین اور بروبن صاحب کی بیبی
اور اُنکے بچون کے لیے ایک پالکی تیار کرائی گئی حتی الامکان شناخت سے بچنے کے لیے

پروین صاحب نے اپنے منہہ اور گردن اور ہاتھون اور پانوٗن کو سیاہی ملی۔
اور چونکہ مجکو دھوپ نے مانند ہندوستانیون کے سیاہ فام کر دیا تھا لوگون نے
کہا کہ آپ کے لیے تبدیل لون ضرور نہین اور مین پاس مکروہ تدبیر سے بچ گیا۔ ہم چلنے کے
لیے سب تیار بیٹھے تھے اور کئی ہفتے کے بعد یہ پہلا وقت نصیب ہوا تھا کہ ہمارے دلون مین
تھوڑی سی فرحت آچلی تھی کہ یکایک مینہہ آیا ہمکو یاس تلخ ہوئی لوگون نے کہا کہ اب
آپ آج کی رات تو مینہہ کے سبب نہین جا سکتے اگلے دن یہ کہا کہ ہردیو بخش جب تک
آپ سے آکر مل نہ جائین تب تک آپ کا جانا نہوگا اور اُنکا آنا اُس قاصد کے لوٹ
آنے پر منحصر ہی جسکو اُنھون نے آپ کی راہ کا انتظام کرنے کے لیے بھیجا ہی چار شب
اسی طرح ہم اُنکا انتظار کرتے رہے اور دیر کے سبب بہت گھبراتے تھے اور ہردیو بخش کو
الزام تساہل لگاتے تھے۔ پانچوین رات نصف اللیل کے قریب ہردیو بخش
آئے اور اسقدر اُداس تھے کہ ہمنے پہلے کبھی اُنکو ایسا نہین دیکھا تھا اُنھون نے
ہمسے کہا کہ لکھنؤ کی آس بھی صرف چند روزہ نکلی کیونکہ باغیون کو مدد پہونچ گئی ہی
اور وے شہر پر پھر حملہ کر رہے ہین اور رات اور دن برابر لڑائی ہوتی ہی ٹھیک جسوقت
آپ لکھنؤ روانہ ہونے کو تھے اور اُسی رات جو آپ کی روانگی کے لیے مقرر کی گئی تھی
ایک اُڑتی سی خبر میرے پاس پہونچی کہ لڑائی پھر ہونے لگی پس مجکو مینہہ برسنے کا
حیلہ ہاتھ لگا اور آپ کو روانہ ہونے سے باز رکھا اور سوچا کہ جب تک وہان ایک
قاصد بھیجکر اصلی حال تحقیق نہ کر لون آپ کو نہ جانے دون۔ وہ قاصد ابھی لوٹکر
آیا ہی اور اُس خبر کو جو پہلے معلوم ہوئی تھی تصدیق کرتا ہی وہ کہتا تھا کہ سرکاری فوج
انبوہ باغیان کے مقابلے مین امید نہین ہی کہ زیادہ ٹھہر سکے الغرض لکھنؤ جانے کی

صلاح اسطرح موقوف رہی۔ اگر ہم چلے گئے ہوتے جیسا کہ پہلے ارادہ کر چکے تھے تو
بالضرور باغیون کے ہاتھون مین جا پھنسے ہوتے اور مار ڈالے گئے ہوتے۔ اسی واسطے
ہم پھر خدا کا شکر کرتے ہین کہ اُسنے ہمکو ایسے خطر عظیم سے نجات دی جسمین ہم اندھون کی
طرح گھسے جاتے تھے ہردیو بخش نے ہمکو یہ خوشی کی خبر سنائی کہ چھوٹے جونس صاحب اور چرچر صاحب
فتح گڑھ کے دو انگریز اُس کشتی مین سے بچ بھاگے جسپر سنگرام پور کے قریب باغی چڑھ آئے تھے
وے میرے ایک گانون مین چھپے ہوے ہین اُنکو گڑریون نے جنکے پاس وے ہین اسطرح
چھپایا کہ مجکو بھی ابھی چند روز ہوے حال معلوم ہوا اور مین نے حکم دے دیا ہے کہ اُنکو کھانا
کپڑا پہونچا دیا جاوے۔ نہایت ہولناک خبرین جو اُنھون نے ہمسے بیان کین وہ تھین
جو اطراف و جوانب سے اُنکے پاس آئی ہین کہ جو لوگ فتح گڑھ سے دریا کی راہ پہلی کشتی مین
کانپور کی طرف روانہ ہوے تھے یعنی امریکا کے پادری لوگ اور منکٹن صاحب مع
اہل و عیال اور بربیدلی صاحب وغیرہ مین نے سُنا ہے کہ بٹھور کے قریب اُنپر حملہ ہوا اور
مارے گئے لوگ کہتے ہین کہ آگرہ ٹوٹ گیا اور وہان کے انگریز جسوقت کہ کشتیون مین
جمنا کی راہ جانے کا ارادہ کر رہے تھے مارے گئے۔ فوج بمبئی نے بغاوت کی اور
سب سے بدتر خبر یہ تھی کہ کہین سے مدد کی امید نہین کسی طرف سے فوج نہین آتی ہردیو بخش نے
کہا کہ ان حالات مین مین خیال کرتا ہون کہ آپ کے بچاو کی صورت صرف یہی ہے کہ آپ
چپکے سے کسورہ سے نقل مکان کیجیے نواب اور سپاہی لوگ اُن خبرون سے جو مہاجنون نے
جا سنائی تھین جانتے ہین کہ آپ میری پناہ مین ہین اور یہان آپ ہرگز حملے سے بے خطر
نہین ہین میرے ایک گانون مین جو یہان سے بیس میل کے فاصلے پر غیر آباد جگہ مین
گنگا کے کنارے پر ہی جا کر چھپ رہیے اور تا کہ آپ کا مقام اختفا کسی کو معلوم نہو

پروبن صاحب صرف ایک خدمتگار اپنے ساتھ لین اور آپ کے ساتھ وزیر سنگھ رہے
جسوقت ہمسے یہ درخواست کی گئی مجھکو یقین ہوا کہ اگر ایک دفعہ ہم کسورہ اور ٹھاکرون کی
پناہ سے نکل کر اُس گانوُن کو چلے جائینگے جو ہردیو بخش بتاتے ہین تو ہم بالکل ہردیو بخش
کے آدمیون کے بس مین پڑجائینگے اور وے لوگ ہمسے اپنا پیچھا چھڑانے کو بھرے ہین
جب ہم اُن لوگون کے ہاتھون مین جا پڑینگے تو اُنکو موقع مل جائیگا کشتی مین بٹھاکر دریا
اُتار دینگے پس یہان سے جانے کا انجام یقیناً موت ہی اسوقت سہل انکار کا موقع
تو بالکل نہ تھا کیونکہ اگر ہردیو بخش کے چلے جانے سے پہلے اُس گانوُن مین جانے کے
سوا اور کوئی تجویز ہمارے لیے نہ ٹھہرتی تو بالضرور جانا ہی پڑتا پس مین نے وزیر سنگھ
کے کان مین کہ وہ اس گفتگو کے وقت میرے پیچھے جھکا ہوا کھڑا تھا یہ بات کہی کہ جو کچھ ہردیو بخش
کہتے ہین وہ تمنے سنا اگر ہم اُس گانوُن مین جائینگے سب مارے جائینگے تم جا کر کستوری
کے پاس جاؤ اور جو ہردیو بخش نے ہمسے کہا ہی بیان کرو اور اُسکی منت کرو کہ ہمارے
لیے کوئی معقول بندوبست کرے چند لحظے مین وہ لوٹ آیا اور کہا کہ معاملہ ٹھیک
ہوگیا ہی جب ہردیو بخش باہر جائینگے کستوری انسے آکر ملیگا اور کہیگا کہ مین ان لوگون کا
ذمہ دار ہون اور اپنے دیہات مین سے انکو کسی گانوُن مین چھپا لون گا۔ تھوڑی
دیر بعد ہردیو بخش دھرم پور لوٹ جانے کے لیے ہمسے رخصت ہوے مین نے
وزیر سنگھ کو اشارہ کیا کہ پیچھے پیچھے جاؤ اور جو باتین ہردیو بخش اور کستوری باہم کریں
ہمکو آکر خبر دو وہ جلد لوٹ آیا اور بہت خوش معلوم ہوتا تھا ہمسے کہا کہ سب
کام خاطر خواہ ہوگیا اور ہردیو بخش خود آپ سے یہ کہنے کو لوٹے آتے ہین کہ وہ صلاح بدل
گئی چند لحظے مین ہردیو بخش کستوری کو ساتھ لیے آئے اور ہمسے کہا کہ کستوری کہتے ہین

کہ ہم آپ لوگون کو ایک جنگل مین جو اُس گنگا والے گانوُن کی بہ نسبت جہان مین آپ
لوگون کو بھیجنا چاہتا ہون ایک قریب کے گانوُن مین واقع ہی خاص طرح چھپا لینگے پس
بہتر ہی کہ جہان آپ کا اُنھون نے بندوبست کیا ہی وہین جائیے اور اپنے تئین انھین کے
حوالے کر دیجیے۔ ہم فوراً خوشی سے اسپر راضی ہو گئے اور ہیرو بخش ہمسے رخصت ہوے۔
اگلے دن کستوری نے ہمسے کہا کہ اب مین نے آپ کی حفاظت کا بالکل ذمہ لے لیا ہی اور
مین ڈرتا ہون کہ مین نے وہ کام اپنے سر لیا جو میرے کرنے سے زیادہ ہی مین نے اُسکی ہمت
بندھائی اور کہا کہ جب تک تم ہمارے ساتھ ہو ہمکو بہت اطمینان اور آسایش ہی اور تم
کسی طرح پر ہراسان مت ہو اُسنے کہا کہ آخر مجکو جنگل مین جا کر ایسی جگہ تلاش کر رکھنی ضرور ہی
جسمین آپ اُس سے چھپ سکین یہ جنگل شمال و مشرق کی طرف کئی میل تک پھیلا
ہوا ہی اور اس گانوُن کسورہ کے دو میل باہر سے شروع ہوتا ہی۔ کستوری نے کہا
اگر اجازت دیجیے تو مین اور وزیر سنگھ آپ کے دونون گھوڑون پر سوار ہو کر دن ڈھلے
چلے جائین اور جگہ دیکھ آئین (یہ گھوڑے اُس رات سے جب ہم لکھنؤ روانہ ہونے
والے تھے کسورہ مین بندھے ہوے تھے) مین نے کہا بہت خوب۔ شام کے چار بجے
کستوری اور وزیر سنگھ دونون گئے اور رات کے نو بجے لوٹ آئے وزیر سنگھ نے کہا کہ
پہلے تو ہم جنگل مین بڑی دور تک چلے گئے یہ جنگل بہت گھنا ہی پھر اُس چھوٹے سے
گانوُن مین گئے جو ہمارے چھپ رہنے کے لیے تجویز ہوا ہی اور مجکو بھی یقین ہی کہ اگر کوئی
شخص ایک برس تک ہمکو ڈھونڈھتا پھرے تو نہ پا سکے۔ اگلے دن بہت سویرے ہی کستوری
اور دوسرا ٹھاکر پورن دونون آئے اور مجھ سے کہا کہ آپ الگ چلیے جو تدبیرین
ہمنے آپ کو چھپا رکھنے اور بچانے کی سوچی ہین بیان کرین یہ تدبیرین دہل کرد

پہنچانے کی نہین اوگا تو انھون نے باصرار کہا کہ جب تک آپ کے ساتھ یہ چار بچے رہینگے یہ امید
کرنی بالکل فضول ہے کہ آپ لوگون کا حال مخفی رہیگا یا آپ کی خبر کسی کو نہوگی پس ضرور ہے
کہ پروبن صاحب ان بچون کو گانون مین چھوڑ جائین یہان حتی الامکان سب طرح سے
انکی خبرگیری کی جائیگی اگر بالفرض دشمن کسورہ مین چلے آئین (یہ امر کچھ بعید از قیاس نہین ہے)
اور آپ لوگون کو تلاش کرین تو ہم کسی حکمت سے بچون کو چھپا لینگے اور اگر وے لوگ انکو
دیکھ بھی لینگے تاہم قرین قیاس نہین ہے کہ سپاہی لوگ یہ دیکھکر کہ آپ لوگ تو چل دیے ہین
انکو ستائین لیکن اگر باوجود اسکے بھی وے کم بخت ان بچون کو قتل کر ڈالین تو البتہ مقام
مجبوری ہے مگر ہماری راے مین بچون کے لیے درحالیکہ وے اپنے مان باپ سے جدا
ہون بچنے کی بہت صورتین ہین بہ نسبت اسکے کہ وے انکے ساتھ رہین ۔ رہے آپ لوگ
اسکا یہ بندوبست ہے کہ آپ تمام دن جنگل مین چھپے رہیے اور دل چاہے اور موقع بھی ہو تو
اسی مین پھرا کیجیے اور رات کے وقت ایک چھوٹی سی جھونپڑی مین جو آپ لوگون کے
سونے کے لیے بنوا دی گئی ہے چلے آیا کیجیے ۔ یہ تدبیر مجکو ناممکن الوقوع معلوم ہوئی اور
مین نے اُس سے کہا کہ سوچو تو یہ لحاظ کرو کہ ہم مین سے بھلا کوئی اسکا متحمل ہو سکیگا (اور
خاص کر پروبن صاحب کی میم کہ تمام دن جنگل مین پانی اور دھوپ کھاتے پھرا کرین جیسا کہ
تم چاہتے ہو اور تم لوگ وہ باتین یاد کرو کہ ہمسے ہمیشہ کہتے رہے ہے کہ بارش کے شروع
ہوتے ہی کسورہ ٹاپو بن جائیگا دریاؤن کی طغیانی سے یہ گانون جزیرہ ہو جاتا ہے اور یہ
تو عنقریب ہونے والا ہے پھر اب کیا ہوا بالفعل ہمکو اسوقت تک جہان ہین چپ
چاپ کیون نہین رہنے دیتے ۔ دونون ٹھاکرون نے کہا کہ یہ امر ناممکن ہے کیونکہ
ہردیو بخش کبھی یہ بات نہ مانینگے کہ آپ لوگ ذرا دیر بھی کسورہ مین رہین ۔

اگر پانی حسب معمول برس گیا ہوتا تو البتہ ہم یہ کر سکتے تھے لیکن ہنوز بارش نہین ہوئی
اور یہ جگہہ حملے کے لیے بالکل کھلی پڑی ہی اُنھون نے مجھسے اتنا اور کہا کہ اگرچہ
آغاز بارش مین یہ گانون حملے سے بالکل مامون ہوجائیگا کیونکہ آس پاس بالکل
اتنا پانی بھر جاتا ہی کہ کوئی شخص بدون اسکے کہ کہین تیرے اور کہین پانی اُترے
یہان پہونچ نہین سکتا لیکن تاہم کشتیون کے لیے کوئی کافی روک نہین ہوتی کیونکہ
شباب برشکال مین کسورہ سے گنگا اور رام گنگا تک ایک ندی سی بہنے لگتی ہی کہ اُسمین
کشتیان چل سکتی ہین انھین کشتیون کی راہ ممکن ہی کہ فتح گڈھ سے سپاہی لوگ باسانی
چلے آئین اور آپ کو اُنکے ارادے کی خبر نہ پہونچے اگر وے بعد غروب آفتاب چل کھڑے ہون
صبح سے پہلے ممکن ہی کہ آپ پر آگرین۔ مین نے اُنسے کہا کہ مجکو یقین ہی کہ پروبن صاحب
اپنے بچون کو چھوڑ جانے پر رضامند نہونگے اگرچہ تم لوگ کتنا ہی اُنکو مطمئن کرو کہ ہم اُنکی
جانین بچائینگے اور اُنکو حفاظت سے رکھینگے۔ مین نے اپنے مقدور بھر سب
طرح سمجھایا لیکن اُنھون نے جواب دیا کہ اگر آپ سب لوگ یکجا رہینگے تو آپ
سب کو بچانا ہمارے حیز امکان سے باہر ہی لیکن اگر آپ بچون سے الگ ہوجائین
تو ممکن ہی کہ سب بچ جائین اور اگر بالفرض بچے مارے بھی جائین تو اس نقصان کا معاوضہ
ہو سکتا ہی ماں باپ زندہ رہینگے تو اور اولاد ہو رہیگی لیکن اگر ماں باپ ہی مارے
گئے تو اُنکو نیست گم کردہ دوبارہ نہین مل سکتی جب مین نے دیکھا کہ ٹھاکر کسی طرح
نہین پسیجتے تب مین نے کہا کہ اچھا مین باہر جاتا ہون اور پروبن صاحب سے
اس بات مین مشورہ کرونگا اور جو بات ٹھہریگی تمسے کہونگا جو کچھ مجھسے اور
ٹھاکر دون سے گفتگو ہوئی تھی وہ سب مین نے جاکر پروبن صاحب سے کہی

انھون نے کہا کہ ہمکو اپنے بچون کی مفارقت اصلا منظور نہین ہے لیکن اسوقت یہ بھی
خیال گذرا کہ بچون کو ساتھ رکھنے کے التزام سے ایسا نہو کہ اپنے بچاو کا ایک احتمال
ضعیف جو باقی ہے وہ بھی جاتا رہے اسکا بھی کچھ مضائقہ نہین کہ بچون کو ٹھاکردن کے
سپرد کر دیا جاے اور اطمینان کیا جاے کہ اگر بالفرض پروبن صاحب اور اُنکی میم
مارے بھی گئے تو بچے اگر جیتے بچینگے تو فتح گڑھ کے سر ہوتے ہی ہمارے کسی ہموطن کے
پاس پہونچا دیے جاینگے۔ لیکن بیچارے مان باپ کے دل اس ڈر سے پھٹے پڑتے
تھے اور نہین جانتے تھے کہ کون امر اختیار کرین آیا سے پوچھا کہ اگر بچون کو کسورہ مین
چھوڑ جائین تو تم انکے ساتھ رہوگی اُسنے دبی زبان سے انکار کیا تب پروبن صاحب کی
میم نے کہا کہ اگر ہو سکے مجھی کو بچون کے پاس چھوڑ جاؤ لیکن پروبن صاحب نے
کہا کہ مین تمکو چھوڑ جانے پر راضی نہین ہون آخرکار یہ امر قرار پایا کہ ہم سب یکجا رہین
اور اپنی حفاظت آیندہ کے لیے خداے قدیر کی نگہبانی پر بھروسا کرین جسنے اب تک
اپنے فضل سے ہماری خبرگیری کی۔ ہمنے ٹھاکردن کو اندر بلایا اور اُنسے کہا کہ ہماری
یہ تجویز ہے انھون نے ہماری حالت پر رحم کیا اور اس امر پر زیادہ مصر نہوے
کہ ہم فوراً کسورہ سے چلے جائین بلکہ یہ کہا کہ آپ بالفعل یہین بنے رہیے
کیونکہ امید قوی ہے کہ مینھ جلد برسے۔ ہم بہت اشتیاق سے بادلون کے آنے
کے منتظر رہا کرتے تھے اور جو بادل اُٹھتا تھا بڑی آس لگائے ہوے اُسکو دیکھتے
رہتے تھے بہت دن ایسا اتفاق ہوا کہ بادل اُٹھا اور خاصی امید ہوئی کہ بڑی
زور کی بوند برسیگی لیکن ہم یہ دیکھ کر اداس ہوتے تھے کہ یکایک وہ بادل پھٹ
گیا اور ایک چھینٹا بھی نہ پڑا جب آسمان صاف مین کوئی بادل سر پر نظر آتا تھا تو

ممولون کو اُڑتے دیکھکر بھی ہم کچھ توقع کرتے تھے - ہندوستانی لوگون نے
ہمسے کہا تھا کہ جب ممولے زمین پہ اُڑتے ہین تو آمد باران کی یہ علامت قوی
ہے لیکن روز بروز امساک بارش زیادہ ہوتا گیا اور ایسا معلوم ہوتا تھا کہ شاید
اب پانی مطلق نہ برسیگا اتنے عرصۂ دراز کے امساک بارش سے ٹھاکرون کی
ہمت ہار گئی اور آخرکار اُنھون نے ہمسے صاف کہا کہ اب زیادہ آپ لوگون کو
پوشیدہ مین رکھنے کی جرأت ہم مین نہین ہے جنگل مین شمال کی طرف تھوڑے فاصلے
سے ایک گانون ہے اُسی مین ہمنے آپ لوگون کو چھپانے کا بندوبست کیا ہے پس
آپ اُس گانون مین چلیے - اُنھون نے کہا کہ گانون کے نجومی پنڈت نے بچارا ہے
کہ آج کا دن آپ لوگون کے لیے سعید ہے پس رات کو چاند کے آگالی لیتے ہی آپ لوگ
روانہ ہو جیے - ہم اسباب باندھ باندھ چلنے کو تیار ہو رہے اور اُسی وقت سو گئے رات کے
گیارہ بجے کے قریب ٹھاکر پورن نے مجکو جگا کر کہا کہ چاند تو تین ۳ بجے نکلیگا اور جو ساعت
سعید ٹھہرائی گئی ہے وہ گذر کر اُسوقت تک دوسری لگن شروع ہوجائیگی پس ساعت مقررہ مین
اب صرف ایک گھڑی باقی ہے - چونکہ جب تک کہ چاند کی روشنی اچھی طرح نہو جاے ہم تو
روانہ نہین ہو سکتے تھے اُسنے کہا کہ خیر آپ کی کوئی چیز اُسطرف کو بھیجدی جاے - نجومی نے
کہا ہے کہ پاترا بھیج دینے سے بھی وہی بات حاصل ہوگی جو خود جانے سے ہوتی -
روٹی کھانے کا ایک کانٹا ہاتھ آگیا وہی پورن کے حوالے کیا وہ اُسکو لے کر خوش ہو چلا گیا اُسنے
وہ کانٹا ہماری راہ مین آگے کسی آدمی کے ہاتھ بھیج دیا اُسنے وہان جاکر ایک پتہ سے گاڑ دیا -
صبح کے تین ۳ بجے ٹھاکرون نے ہمکو جگا اُٹھایا اور ہم روانہ ہوے پروبن صاحب کی میم
اور اُنکی آیا اور بچون کے لیے ایک ہاتھی منگوا لیا گیا تھا - پروبن صاحب اور انکا ایک خدمتگار

اور دوسرا تو ایک رات پہلے چل دیا تھا اور ہین اور دو زیر سنگھ سب پیادہ پا چلے جب ہم چلنے
لگے تو مین نے دیکھا کہ بڈھا کستوری نہین ہے اور چونکہ مجھکو اُسپر بڑا اعتماد تھا اور اُسکی متواتر
نصیحتین مجھکو یاد تھین کہ جب تک مین آپ کے ساتھ نہ چلون آپ ہرگز نہین جائیے گا مین نے
اُسکا انتظار کیا آخر کار کئی آدمی بھیجنے کے بعد وہ آیا لیکن ظاہرا نہایت بے دلی سے۔
ہمارے روانہ ہوتے ہی پانی خوب زور سے برسنے لگا ہم بھی بھیگ گئے اور اوڑھنے بچھانے کا
جو تھوڑا سا سامان ہمارے ساتھ تھا وہ بھی بھیگ گیا۔ کسورہ سے ایک میل آگے ایک ندی ایسی
گہری ملی کہ ہاتھی اُسکو نہین اُتر سکتا تھا اسی لیے اُسکو چھوڑ دیا اور ہم لوگ ایک چھوٹی سی
کشتی مین بیٹھکر اُترے اور آگے پیادہ پا چلے ہر ایک شخص ایک بچے کو لیے ہوے تھا راہ
خاردار گھنی جھاڑیون مین ہوکر تھی اور اسی سبب سے ہم بہت آہستہ آہستہ چل سکتے
تھے اور بار بار جو کانٹے پاؤن مین لگتے تھے بڑی تکلیف ہوتی تھی ندی سے ڈیڑھ میل آگے
پھر پانی ملا جو دور دور تک بھرا ہوا تھا اُسکو بھی اُترنا پڑا۔ پروبن صاحب نے اپنی میم کو
کندھے پر چڑھایا لیکن چونکہ پانی گہرا تھا اور نیچے چکنی مٹی بہت تھی بہت مشکل سے
اُترے آخر کو دن نکلنے کو تھا کہ ہم منزل مقصود تک پہونچے اور راہ مین برابر زور سے
پانی برستا رہا یہ گانون کیا تھا اُجاڑ مین چار یا پانچ جھونپڑے تھے واہیات و ویران
اُنمین صرف گڈریے اپنے مویشیان لیے بستے تھے۔ ایسا ویرانہ معلوم ہوتا تھا کہ جسکا
بیان نہین جب ہم بستی مین گئے تو کسی کی آہٹ نہین معلوم ہوتی تھی اُسوقت تک سب
خوابیدہ تھے ایک ٹھاکر نے جاکر رئیس دیہ کو کہ ایک گنوار صورت اہیر تھا جگایا اُسنے
ایک واہیات سا دو چھپا چھپر بتا دیا کہ یہ پروبن صاحب کے واسطے ہے اُسمین مویشی بھرے
ہوئے تھے نہایت گندہ اور کیچڑ گھٹنون سے اوپر تک گلی پھیلی ہوئی اس ویران جگہ کو دیکھکر

جہان کوئی اپنا یار اور یاور نہ تھا میرا دل نہایت پژمردہ ہوا۔ مین نے اُس بے چارے بچے کو جسکو مین لیے ہوے تھا ایک جھونپڑی مین جسکا دروازہ کھلا ہوا تھا ایک چارپائی پر لٹا دیا گڑریون مین سے بھی ایک کا بچہ اُسی چارپائی پر خوب غافل سویا ہوا تھا پروبن صاحب کی میم یہ دیکھ کر کہ یہان ان بچون کا اور میرا اپنا کیسا پتلا حال ہوگا آغاز مصائب سے اسوقت خوب پھوٹ کر روئین۔ پروبن صاحب بھی بہت برافروختہ ہوے اور ٹھاکرون سے اُلجھ کر کہنے لگے کہ اگر ہم لوگون کے لیے اس سے بہتر کوئی جگہ نہین ہے تو اچھا ہے ہم سب کو ایک دم سے مار ڈالو۔ کیونکہ بچے یہان چند گھنٹے سے زیادہ زندہ نہین رہ سکتے اور بالضرور مر جاینگے اُسی وقت مین آس پاس دیکھ رہا تھا کہ کہین کوئی صورت ایسی نظر پڑے کہ ان لوگون کے لیے سایے کا بندوبست بقدر امکان ہو جائے۔ ایک جھونپڑی کی چھت پر ایک چھوٹی سی جگہ نظر پڑی۔ مین نے وزیر سنگھ کو وہ جگہ دکھلائی وہ فورًا اُسپر اُچک کر چڑھ گیا اور اُسکو دیکھ بھال کر بولا کہ مکان خالی اور صاف سوکھا ہے۔ اور جیسا مکان کہ نیچے ہے اُسی کے مطابق اوپر بالاخانہ ہے۔ مین وزیر سنگھ کے سہارے سے اُسپر چڑھا اور یہ دیکھ کر نہایت خوش ہوا کہ ایک چھوٹی سی جگہ صاف اور خوشنما ہے اور چھت بھی ایسی ہے کہ پانی ٹپکنے کا خوف نہین مین نے پروبن صاحب کو نیچے سے بُلایا اور وزیر سنگھ نے اور مین نے پروبن صاحب کی میم کو سہارا لگایا اور پھر بچون کو چڑھایا سب کے پیچھے پروبن صاحب بھی چڑھ آئے اور ہم آٹھ آدمیون نے اس چھوٹی سی جگہ مین بستہ جما دیے اگرچہ وہ جگہ نہایت تنگ تھی لیکن ہمنے نہایت شکر کیا کہ ایک سایہ گاہ ملی

اس جگہ مین فروکش ہونے سے ٹھاکر کسی طرح ہم پر متعرض نہوے مگر یہ کہا کہ آپ چپ چاپ اسکے بھیتر بیٹھے رہیے ہرگز باہر نہ نکلیے گا مبادا آپ کو کوئی دیکھ لے اور آپ کا مقام اختفا لوگون کو معلوم ہو جائے - ہم اپنی اپنی جگہ مین سب کے سب یہین اس مکان مین بند پڑے رہتے تھے ایک چھوٹا سا کونا میرے حصے مین آیا تھا وہ جہاز کی تنگ تر کوٹھری کے برابر بھی عرض و طول نہ رکھتا تھا اُنہی ہی جگہ مین مین نے اپنا بچھونا بچھا رکھا تھا اور چھوٹی سی گٹھری سے تکیے کا کام لیتا تھا - اُس گٹھری مین میری دنیوی سب کائنات تھی یعنی صرف ایک جوڑا ہندوستانی کپڑے لیکن اسی قدر کافی تھا اور مین نہین سمجھتا کہ کوئی شخص کتنا ہی حالت تنعم مین ہو فی الحقیقة اس سے زیادہ کا محتاج ہی جسوقت ہم اس جگہ مین بیٹھ گئے ٹھاکر لوگ ہمسے رخصت ہوے اور اقرار کر گئے کہ ہم اکثر آپ سے ملنے آیا کرینگے ہماری بزرگداشت اہیرون کے سپرد کی اور اُنسے کہا کہ اجنبی لوگون کو ہرگز گانون مین مت آنے دینا اور ان لوگون کا حال نہایت مخفی رکھنا - ان سب باتون کی نسبت اُن لوگون نے نہایت مستعدی کے ساتھ اقرار کیا اور کہا کہ ان لوگون کا ظاہر کر دینا تو درکنار ہم ان لوگون کے واسطے اپنی جان تک دینے کو موجود ہین - مینھ کہ صبح کے وقت بہت دیر تک بشدت برستا رہا اب منقطع ہو گیا اور کئی دن تک صرف گاہے گاہے ایک جھالا برس جاتا تھا - چونکہ ہم اس چھوٹی سی جگہ مین بالکل بھنچے ہوے پڑے تھے گرمی نہایت سخت معلوم ہوتی تھی - ہم صرف رات کے وقت باہر نکل آیا کرتے تھے دن بھر کروٹین بدلتے گذرتی تھی کبھی سرہانے سے پائنتی کبھی پائنتی سے سرہانے یا کبھی اٹھ بیٹھتے تھے کھڑا ہونا یا پھرنا تو بالکل ناممکن تھا غریب بچون کا حال بہت

پتلا تھا مکان سے باہر جانے کی اُنکو اجازت نہین دی جا سکتی تھی اور اندر اتنی جگہہ
نہ تھی کہ وے چلین پھرین - لیکن وے اس درجے پر صابر تھے کہ ہمکو اتنی امید اُنسے
نہ تھی اور خوب فراغت سے سویا کرتے تھے اب ہمکو کھانے کی بھی بہت تکلیف ہونے
لگی صرف تھوڑا سا دودھ اور چپاتیان بس یہی کھانا ہمکو مل سکتا تھا سو دودھ
بھی یکشنبہ کے دن نہین ملتا تھا کیونکہ اہیر لوگ اپنے جانورون کا دودھ اُسدن
کسی طرح نہین دیتے بلکہ خاص اپنے لیے رکھ چھوڑتے ہین - باوجود سے کہ ہم ایسی
تکلیف مین تھے لیکن تاہم خوش رہتے تھے اور بہ نسبت سابق کے خاطر جمعی بھی
تھی خدا کا شکر ہے کہ اندنون ہمکو فراغت عبادت خوب حاصل تھی اور ہم صبح شام
اُس سے دعاے امن و برکت مانگتے تھے اور ہجوم مصیبت کے وقت اُسکے ذکر سے
ہمارے دلون کو فوراً تسلی حاصل ہوجاتی تھی اور جو اُسکو یاد کریگا وہ اُسکو ایسا ہی پائیگا

یکایک پانی بڑے زور وشور سے آیا اور اب تک تو ہم رات کے وقت تاریکی
ہوجانے کے بعد مکان کی چھت پر باہر نکل کر سو رہا کرتے تھے اب نہ تو میرہ وبن صاحب
سو سکے اور نہ مین سو سکا - مکان کے اندر پانی ٹپکنے کے سبب اب جگہہ اور بھی زیادہ تنگ
ہوگئی - ایک یا دو آدمی کی جگہہ مین تو بالکل بچاؤ کی صورت نہ تھی اسی سبب سے ضرور ہوا
کہ مین اپنے لیے کوئی سایہ گاہ اور کہین تلاش کرون - وزیر سنگھ کو ایک گاؤخانہ دو روپیہ
ماہواری کرایہ پر میرے لیے ہاتھ لگ گیا - یہ جگہہ ایک چھوٹی سی واہیات کوٹھری تھی
اور اسمین دو گائین اب تک بھی بندھی ہوئی تھین حسب دستور اسمین بھی کواڑ نہ تھے
اور چونکہ غالباً برسون سے صاف بھی نہین ہوا تھا اسقدر گندہ تھا کہ بیان سے
باہر ہے لیکن مین اس سایہ گاہ کے مل جانے سے نہایت شکر گذار ہوا وزیر سنگھ نے

اُسکو صاف کیا اور کمین سے میرے لیے ایک چارپائی بھی کرایے کی لے آیا چونکہ
اسکی چھت نہین ٹپکتی تھی تو مجکو کسی قدر زیادہ آسایش ملی - جب مجکو اپنے عزیز یاد
آتے تھے جنکو بار دیگر دیکھنا قرین قیاس نہ تھا اور وہ مبارک ساعت جب مجکو کبھی میسر
تھی تو اُس تنگ جگہ مین پہرون مغموم و محزون پڑا رہتا تھا - اُس پوروے کے لوگ
اکثر گاہ بگاہ میرے پاس ملاقات کو آتے اور مجھ سے گفتگو کرتے - اگرچہ بعض وقت
میرا دل اُنسے ملنے کو نہین چاہتا تھا تاہم مین اُنکو منع نہین کرسکتا تھا - پس وے
لوگ اپنی مرضی سے آتے تھے اور چاتے تھے - ایک دن رئیس دیہ کا ایک
رشتہ دار جو ایک پاس کے گانون مین رہتا تھا میری ملاقات کو آیا اور بیٹھ گیا میری
اُسکے باتین شروع ہوئین - مین یہ دیکھکر متعجب ہوا کہ وہ بہ نسبت اور دیہاتیون
کے جو عموماً نہایت اُجڈ ہوتے ہین بہت فہیم اور ہوشیار تھا اور دریافت کرنے سے
معلوم ہوا کہ وہ سفر کردہ بھی ہے اور جب پنجاب مین دریاے ستلج پر ہماری پہلی لڑائی
ہوئی تو یہ شخص اپنا چو بلدی چھکڑہ لیے کمسریٹ والون کے ساتھ تھا اُن دنون
یہ لاہور تک گیا تھا - مین نے اُس سے دریافت کیا کہ تمکو کرایہ واجبی ملا تھا
اُسنے کہا کہ کوڑی کوڑی بے تامل - اور ہماری سرکار کی معدلت اور فیاضی کی
تعریف کرنے لگا اور کہا کہ اُس راج مین شیر اور بکری ایک گھاٹ پانی پیتے تھے
فوراً میرے دل مین اس امر نے خطور کیا کہ شاید یہ سمجھانے بجھانے سے نینی تال میری بیوی
کے پاس چٹھی لے جانے پر راضی ہوجائے - کیونکہ ۲۶ - مئی کے بعد سے اُسدن تک
یعنی ۱۷ - جولائی تک مین نے اُنکا حال کچھ نہین سُنا تھا اور اُنکی اور اپنے لڑکے
کی خیر و عافیت کی طرف سے مجکو ہمیشہ سخت تردد رہتا تھا کیونکہ اُسوقت مجکو

یہ یقین ہرگز نہین ہو سکتا تھا کہ بریلی اور فتح گڑھ کی طرح نینی تال نہین بگڑا اور وہان کے
انگریز اور انگریزون کی طرح نہین مارے گئے ۔ مین نے اُس آدمی سے کہ اُسکا
روہینا نام تھا کہا کہ میم صاحب اور مس بابا کی طرف سے ہمکو بہت تردد رہتا ہی اور
اگر یہ معلوم ہوتا کہ وے خیر و عافیت سے ہین تو کسی قدر ہماری تسلی ہو جاتی اور اُنکی
منت کی کہ تم ہم پر رحم کرو اور ایک چٹھی ہماری میم صاحب پاس لے جاؤ اور ہماری
خیر و عافیت اُنسے کہو اور اُنکی خبر لاؤ ۔ مین نے اُس سے کہا کہ میرے پاس بہت
تھوڑا روپیہ ہی اور تمکو فقط آٹھ روپئے دے سکتا ہون لیکن اگر تم میم صاحب تک
پہونچ جاؤ گے تو یقین کرو وہ تمکو بہت بڑا انعام دینگی اُسنے کہا کہ مجکو آپ کا حال
دیکھکر سخت تاسف ہی اور اپنے حتی المقدور آپ کی چٹھی نینی تال لے جانے مین
کوشش کرونگا اور آپ کو اُسکا جواب لا دونگا ۔ مین اُسکے منھ سے یہ جواب سُنکر بہت
خوش ہوا اُسنے کہا کہ آج شام کو تو مین اپنے مکان پر جاتا ہون اور وہان اپنا بندوبست
کرونگا کل صبح روانہ ہونگا بریلی ہوکر جاؤنگا مین وہان پہلے بھی گیا ہون اور
راستا جانتا ہون ۔ یہ کہکر وہ اُٹھ گیا اور کہا کہ مین ایک گھنٹے مین لوٹ کر آپ سے
چٹھی لینے آتا ہون ۔ اس گفتگو کے وقت وزیر سنگھ بھی موجود تھا مین نے
اُسکو اُسکے پیچھے بھیجا کہ دیکھو یہ آدمی سچ مچ جانے کو مستعد ہی یا پیشگی روپیے کے
لیے مجکو جل دیتا ہی وزیر سنگھ جلد لوٹ آیا اور کہا کہ طور و طرز سے تو آدمی معتمد
معلوم ہوتا ہی اور یقیناً وہ یہ سفر اختیار کریگا مین نے ارادہ کیا کہ دو چٹھیان
لکھون ایک اپنی میم صاحبہ کو اور دوسری بریلی مین مشر ہیجنابتھم کو اس مضمون کی
کہ تم اس قاصد کو نینی تال پہونچنے مین مدد دینا لیکن میرے پاس کاغذ کا صرف ایک چھوٹا سا

ٹکڑا تھا یعنی ہر جس قسم کے تختے کا نصف ورق جو زبور کے ایک سو انیسوین انشید کی
جگہہ اتفاق سے رکھا ہوا تھا قلم یا سیاہی تو میرے پاس کچھ موجود تھا ہی نہین
صرف ایک ٹوٹی ہوئی سیسے کی پنسل تھی اُسمین بھی سیسہ اسقدر گھس چکا تھا کہ
صرف ایک ذراسی نوک باہر نکلی رہ گئی تھی مین نے جھٹ پٹ لکھنا شروع کر دیا
وسط تحریر مین وہ سیسے کی سلائی باہر نکل کر گر پڑی اور مین مایوس ہو کر رہ گیا آخرکار
زمین کی ریت مین بڑی جستجو کے بعد وہ مجکو ملی اور مین نے کسی حکمت سے اُسکو
پھر اُسکی جگہہ مین جمایا تاکہ کسی طرح ایک پانچ مربع کی مختصر سی دو چٹھیان تو ختم کر پاؤن
اُس آدمی نے کہا تھا کہ مین اسی قدر چھوٹی چیز اپنے بدن مین چھپا سکونگا اور
لونگا کیونکہ سُن پڑتا ہے کہ باغی چٹھی اور کاغذ کے لیے سب مسافرون کی تلاشی
لیتے ہین اور کئی شخص مار ڈال چکے ہین جنکے پاس سے انگریزی چٹھیان بر آمد
ہوئی تھین - جب چٹھیان لکھی جا چکین تو مین نے اُنکو تھوڑا سا دودھ منگوا کر
اُسمین تر کر دیا تاکہ حروف اُسکی دُہنیت سے مٹنے نہ پائین اور ایک دیوار پر
جو میرے مکان کے متصل تھی دھوپ مین سکھلانے کو رکھ دین ناگاہ ایک
کوا آگرا اور ایک چٹھی لیکر اُڑ گیا یہ وہ چٹھی تھی جو مین نے اپنی میم صاحبہ کے نام
لکھی تھی مین تو سمجھا کہ بس اب چٹھی گئی - اور اس کیفیت کو دیکھ کر مین بہت
دل شکستہ ہوا کیونکہ نہ تو میرے پاس اور کاغذ تھا اور نہ کہین سے ملنے کی
امید تھی لیکن وزیر سنگھ نے بلا میری اطلاع کے اُس کوّے کو دیکھا تھا اور ایک
گڑبہ ساتھ لیکر اُسکا پیچھا کیا اور ایک گھنٹے کے قریب دوڑ دوڑ کر کھیدتا پھرا
آخر کو اُس کوّے نے حیران ہو کر چٹھی ڈال دی تو وہ اُسکو صحیح سلامت لیکر میرے

پاس آیا مین نے دونون چٹھیان دیکر اپنے قاصد کو روانہ کیا اور بہت سمجھایا کہ
مشکلات کو دیکھ کر ہراسان سست ہو جانا بلکہ بریلی ہو کر اپنی راہ چلے جانا وہان
بیجناتھ مستر مجکو یقین ہے کہ نینی تال جانے مین تمھاری مدد کریگا۔ آج تک مجکو معلوم
نہین کہ وہ اپنے ارادے مین کامیاب ہوا یا نہین۔ لیکن اُس آدمی کی صورت
سے میرے ذہن مین آتا ہے کہ غالبًا وہ وہان پہونچ گیا ہوگا۔ وہ گانون جو ریٹھ پورہ
کہلاتا تھا (اور یہ بھی ایک بالکل عجیب بات تھی کہ وہ حقیقت مین اسم با
مسمیٰ تھا) اب بارش اور دریاؤن کی طغیانی سے سو گز مربع کی وسعت کا ایک
ٹاپو بن گیا تھا حوالی مین باستثنائے ایک جانب شمال کے کہ اُدھر تو ۳ میل دور
تک جنگل چلا گیا تھا سب طرف طوفان آب تھا پانی بعض مقامات مین بہت عمیق تھا
اور ۳ یا ۴ فٹ سے کہین کم نہ تھا جب مین پروبن صاحب کے پاس جانے کے
لیے کہ وہین ہم کھانا جو میسر آتا تھا کھایا کرتے تھے اپنے گھر سے قدم باہر نکالتا تو
گھٹنون سے اوپر کیچڑ کھوندکر وہان پہونچتا گانون کے متصل حوالی مین پانی بہت بھرا
ہوا تھا اور جانورون کے چرانے کے لیے بھی صرف وہی ایک جنگل تھا جو یہان سے
۳ میل دور تک چلا گیا ہے اور اُس جنگل کی اونچی زمین بھی تھوڑی سی پانی مین ڈوبی ہوئی
تھی اس چراگاہ تک مویشی اور چرواہے تیر کر آتے جاتے تھے اور یہ طریقۂ قطع مسافت
دونون کو ایسا آسان اور معمولی معلوم ہوتا تھا جیسے زمین خشک پر چلنا۔ جب سے
تمام علاقے مین پانی بھر گیا ہمارا مقام اسقدر مامون ہوا کہ اب ہمکو مثل سابق بالکل
چھپنا نہین پڑتا بلکہ اسکی بھی اجازت ہوئی کہ پروبن صاحب کی فرودگاہ کے قریب
جو مکان تھا اُسکی چھت پر چڑھین اور دن ڈھلے ادھر اُدھر چلا پھرا کرین یہ بھی

بہت غنیمت ہوا اور بعد غروب آفتاب جب چرواہے واپس آتے اور جانورون کو
باندھ چکتے ہم سب اکٹھے ہو کر بیٹھتے تھے اور گھنٹون اُنسے باتین کیا کرتے تھے
وے ہمسے ہمارے ملک کا حال بہت پوچھا کرتے تھے اور اُنکا سلسلۂ استفسار
منقطع نہین ہوتا تھا کہ کیون صاحب یہ کیا بات ہے کہ آپ کی ملکہ کا شوہر بادشاہ
نہین ہے اس امر سے اُنکو سخت استعجاب ہوتا تھا اور ہم اُنکے مویشیون کا حال اور
اُنکا طرز زیست پوچھا کرتے تھے اور نہایت عجیب باتین معلوم ہوتی تھین
غرض اس طور پر ان سیدھے سادے لوگون کے ساتھ ہم اکثر جی بہلایا کرتے تھے
ہر شام ہم یہ عجیب اور عمدہ تماشا بھی دیکھا کرتے تھے کہ مویشیون کا بڑا بھاری گلہ
جنگل سے نکلا اور اپنے اپنے مواضع کی طرف جدا گانہ سمتون مین تیرنے لگا اُن جانورون کو
اپنی راہ ایسی سیدھی معلوم تھی کہ اُنکی شناخت مین اُنکو کبھی غلطی واقع نہین ہوتی تھی
چرواہے اکثر اُنکے پیچھے پیچھے تیرا کرتے اور بعض اوقات گلے کے کسی مضبوط جانور پر
سوار ہو لیتے تھے چونکہ سیلاب اب بڑے چڑھاو پر تھا اور ہم جانتے تھے کہ اسی طرح کسورہ کے
آس پاس بھی پانی بھر گیا ہوگا بے اختیار ہمارے دل چاہتے تھے کہ ہم کسورہ لوٹ
چلین کیونکہ وہان کے مکانات بمقابلہ مکانات رنج پورہ ہمکو محل معلوم ہوتے تھے
اسی نظر سے ہمنے بہت سے پیغام ٹھاکرون کے پاس بھیجے لیکن نہ تو اُنھون نے
کچھ التفات کیا اور نہ ہر دیو بخش نے - بلکہ برخلاف اسکے ایسا معلوم ہوا کہ اُن
لوگون کی یہ مرضی ہے کہ ہمسے کچھ سروکار نہ رکھین یہان تک کہ ایک عورت تھی
وہ بیچاری پروبن صاحب کی میم کے پاس آتی اور اُنکے بچون کی خدمت گزاری کو
آیا کرتی تھی کسورہ سے ہر روز صبح کو چلتی اور تیرتی ہوئی اور پانی پھلانگتی ہوئی یہان آتی

اور اسی طرح ہر شام کو لوٹ جاتی۔ ان لوگون نے اسکو بھی منع کر دیا کہ اب انکا کار خدمت ست کیا کر۔ اس سبب سے پرڈن صاحب کی میم بیچاری کو نہایت تکلیف اور محنت پڑتی تھی کہ مین بیان نہین کر سکتا ہون اور جو لوگ میری طرح اُن تکالیف کے شاہد حال نہین تھے عجب نہین کہ اسکو باور بھی نہ کرین۔ لیکن میم صاحب نہایت صبر اور استقلال سے اُن تکالیف کا تحمل کرتی تھین اور چونکہ وہ ہمارے ملک کی عورت نہین مجکو انکے استقلال پر نازش ہے بجز اُس بیچاری عورت اور رانی آیا کے پرڈن صاحب کی میم نے اُسدن سے کہ انگریز ہمرم پور سے فتح گڑھ کو لوٹ گئے اور کسی عورت کی شکل تک نہین دیکھی۔ ہر دیو بخش کی رانیان یا اور رئیسون کی بیویان چاہتین تو میم صاحبہ کا غم غلط کرتین اور اُنکو بہت کچھ تسلی دیتین لیکن مہربانی تو بالا سے طاق انسے اتنا بھی نہو سکا کہ کسی طرح کی غمخواری ظاہر کرین۔ میم صاحبہ کی مصیبت زیادہ کر دینے کو بیچارہ چھوٹا لڑکا اچھا خاصا خوشل اور بچون کے اسوقت تک کہ ہمنے کسورہ چھوڑا باوجود دھوپ اور پانی مین رہنے کے صحیح المزاج رہا اب گھلنے لگا اور روز بروز کمزور ہوتا جاتا تھا یہان سوائے بھینس کے دودھ کے اُسکے لیے اور کچھ سہارا نہ تھا اور وہ اُسکو پچتا نہ تھا اور باوگرچہ پرڈن صاحب اپنی دودھ کی بکریان کسورہ مین چھوڑ آئے تھے مگر لوگون سے کہہ نہ سکتے تھے کہ ہمارا بچہ مرا جاتا ہے ہماری بکریان بھیج دو کہ اُنکے دودھ سے اسکو سہارا ملے اب ہماری حالت روز بروز بدتر ہونے لگی اور ہمکو یہان تک منع کر دیا کہ اپنے خدمتگارون مین سے کسی کو گانؤن کے باہر مت بھیجا کرو۔ صرف ایک شخص سیتا رام برہمن ہنوز ہمسے محبت رکھتا تھا اور ملاقات کو آیا جایا کرتا تھا

ہم ہمیشہ اس آدمی کے ہاتھ ٹھاکردن کو اپنے پیغام کہلا بھیجا کرتے تھے لیکن وے
مطلقاً ملتفت نہین ہوتے تھے چند روز ہوے کہ سیتارام ایک یا دو مرتبہ ہمارے
بھیجے فتح گڑھ خبر لانے گیا تھا یہ بات ٹھاکردن کو معلوم ہوگئی اور انھون نے نہایت
ناخوش ہوکر اسکو بھی منع کردیا کہ آگے کو صاحب لوگون سے مت ملا کرو۔ ان اخیر
دنون مین قابل تحریر صرف ایک یہ اتفاق پیش آیا کہ ایک دن صبح کے وقت
مین اور پیرون صاحب دونون بیٹھے تھے ایسی آواز آئی کہ کچھ فوجی لوگ فتح گڑھ
مین انگریزی باجا بجا رہے ہین۔ ہوا کے سبب پانی کے ذریعے سے صاف آواز
چلی آتی تھی اور ہم اپنے دلون مین کہتے تھے کہ وے لوگ جو ہمارے خون کے پیاسے
ہین بہت قریب آپہونچے۔ ایک دن بہت سویرے (اور مجھکو ایسا خیال پڑتا ہے
کہ جولائی کی ۲۲ تاریخ چارشنبہ کے دن) مین مکان کی چھت پر بہت اداس بیٹھا تھا
مین نے دیکھا کہ ایک آدمی گانوُن کی طرف پانی مین تیرتا ہوا چلا آتا ہے۔ مین اسکی
طرف متوجہ ہوا اور وہ شخص کچھ اشارہ کرتا تھا اس سے ظاہر ایہ معلوم ہوا کہ مجھکو متوجہ
کیا چاہتا ہے تھوڑی دیر تک مین اسکی طرف دیکھتا رہا آخرکار مین نے اسکو پہچانا
کہ سیتارام ہے اسکے طور سے مین نے قیاس کیا کہ کوئی نئی بات لایا ہے جب وہ
کنارے پر پہونچا تو مین نیچے اُتر کر اسکے پاس گیا اور اسکو ایک خوشی کی حالت مین
پایا اسنے یہ مژدہ سُنایا کہ آپ کی فوج اب کہین جا کر سُن پڑی ہے اسطرح پر کہ کانپور تک
بڑھ آئی ہے اور ناناکی فوج کو پانڈو ندی پر شکست فاش دی اور بہت آدمی مارے
بھاگے ہوے سپاہی غول کے غول فرخ آباد مین آئے انھون نے نواب اور اسکے
لوگون کو بھی بہت ڈرا دیا ہے کہ عنقریب یہی حال تمھارا ہونا ہے اور مین دل سے بھروسا

رکھتا ہون کہ سرکاری فوج بے شک انکا ایسا ہی حال کریگی ۔ مین سیتارام کو ساتھ لیے
چھپتا ہوا ایروین صاحب کے پاس گیا کہ انکو بھی یہ مژدہ سناؤن جس سے ہماری
ہمتین بندھ گئین اور کچھ امید ہوئی کہ آخرکو ہم بھی کبھی مخلصی پاوینگے چونکہ ہم اس
حال کو تحقیق کرنے کے لیے نہایت مضطرب تھے ہمنے سیتارام کو اُبھارا کہ تم گنگا پار
فتح گڑھ جاؤ اور خبر لاؤ وہ روانہ ہوا اور اقرار کر گیا کہ رات تک لوٹ آؤنگا ۲۳ جولائی کی
صبح کو فرخ آباد مین بھاری توپون کی فیر سنکر ہمارے کان کھڑے ہو گئے ۔ ہم آس لگائے
ہوئے تھے کہ یہ فیر ہماری فوج کی ہی اور ہم سمجھے کہ ناناکی افواج مفرور کے تعاقب مین
ہماری فوج اب فتح گڑھ پہونچ گئی ہوگی ایک گھنٹے کے قریب تک توپ برابر چلتی رہی کبھی کبھی
بے قاعدہ وقفہ بھی ہو جاتا تھا پھر بالکل بند ہو گئی ہم دن بھر نہایت گھبراہٹ کی حالت مین
رہے اور نجات عاجل کے نہایت آرزومند تھے دن گذر گیا اور سیتارام لوٹ کر
نہ آیا اور کسی طرف سے بھی کوئی خبر نہ آئی ۲۴ تاریخ کی صبح کو سیتارام آیا اور ہمنے
بہت شوق سے پوچھا کہ ہماری فوج آگئی توپین کیسی چل رہی تھین اُسنے ہمکو یہ مہیب
خبر سنا کر بالکل مایوس کر دیا کہ کل صبح جو توپ چلنے کی آواز سن پڑتی تھی سو نواب کے
حکم سے بیچاری ہمیں جنکو کشتی سے بچا کر فتح گڑھ لوٹا لائے تھے اور بہت سے ہندوستانی
کرسٹان سب ۶۵ یا ۷۰ آدمی توپون سے اُڑا دئے جاتے تھے اور گراپ سر ہو رہی تھی
نانا کے سپاہی جو شکست کھانے سے جلے ہوئے تھے اُنھون نے باتفاق نواب
ان بیچارون کو شہید کر کے اپنا انتقام لیا ۔ سیتارام نے بیان کیا کہ جونس صاحب کی
لڑکی نہ سالہ باوجودیکہ بہت سے گراپ مارے گئے صحیح سلامت بچ گئی تھی ایک سپاہی نے
لپک کر اپنی تلوار سے اُسکے ٹکڑے کیے ۔ سیتارام نے کئی سپاہیان مفرور سے

گفتگو کی اکثر اُنمین سے زخمی تھے اور ماندگی اور خوف اور کھانا نہ ملنے کے سبب
سب کے سب تباہ حال - ایک توپ اور دو یا تین ۳ ہاتھی بھی اُنکے ساتھ تھے - وے لوگ
بالکل ہیبت زدہ تھے - اور اُنھون نے اپنا خوف نواب اور اُسکے آدمیون سے بھی
بیان کیا - اُنھون نے سیتارام سے کہا کہ جس لڑائی مین ہمنے شکست کھائی وہ ایک
ندی پر جو فتح پور اور کانپور کے بیچ مین ہی واقع ہوئی اور انگریزون نے ہمارے
بہت آدمی مارے اور سوائے اُس ایک توپ کے جو ہمارے ساتھ ہی اور سب توپین
چھین لین اور یہ خیال کرنا بالکل بیہودہ سی ہی کہ ہم فوج انگریزی سے مقابل ہو سکتے
اُنکے پاس ایسی بندوقین ہین اور اتنے فاصلے پر اُنکا توڑ ہی کہ آواز سے پہلے گولی آ
لگتی ہی - سیتارام نے یہ بھی بیان کیا کہ فرخ آباد مین لوگ ایسے ڈر رہے ہین کہ اگر
تھوڑے سے آدمی یہ غل مچادین کہ انگریز آگئے تو ایک دن مین تمام شہر خالی ہو سکتا ہی
نواب کی فوج اور شہر کے باشندے سب بھاگ جائین - ہماری فوج کی فتح مندی
اور بڑھ آنے کی خبرون سے ہماری نسبت لوگون کے ڈھنگ فوراً متبدل ہو گئے
ٹھاکر لوگ بھی مبارکباد دینے کے لیے ہمسے ملنے آئے بڈھا کستوری جسکو ہمنے
اُسدن سے نہین دیکھا تھا جب ہم کسورہ سے چلے اس توزک سے ہمسے ملنے آیا
کہ ہاتھی پر سوار تھا نہایت لذیذ میٹھی روٹیان بھی ہمارے واسطے لایا - ہردیو بخش نے
ہماری خیر و عافیت پوچھنے اپنے سالے کو بھیجا - پروبن صاحب کی بکریان بھجوادین
اُس غریب عورت کو اجازت دی کہ پروبن صاحب کے بچون کی خدمت گزاری مین
حاضر رہا کرے - الغرض ہماری حالت مین بہت کچھ بہتری ہوگئی - لیکن ہمکو یقین نہ تھا
کہ یہ لوگ جو ہماری ملاقات کو اکٹھے ہو کر آئے تھے نانا کی شکست سنکر دل سے

خوش ہوے ہون ہمنے اس موقع کو کہ لوگون کے دل ہماری طرف ملتفت تھے غنیمت سمجھا اور ہردیو بخش کے سالے سے درخواست کی کہ کسورہ لوٹ جانے کی اجازت ہمکو دلوا دیجیے اُسنے کہا کہ یہ کون بڑی بات ہے ہردیو بخش فوراً اسکو منظور کر لینگے کیونکہ اب فتح گڑھ کے سپاہیان خوف زدہ سے کچھ مقام اندیشہ نہین ہے۔ ہم اُس بیچارے لڑکے کی حالت دیکھکر کسورہ لوٹ جانے کی بڑی خواہش کرتے تھے بسبب تکالیف اور سردی گرمی کھانے کے اُس لڑکے کا حال ردی ہوتا جاتا تھا اور ہم ڈر رہے تھے کہ اگر رنج پورہ مین اسنے انتقال کیا تو دفن کرنے کے لیے بھی خشک جگہ ملنی ناممکن ہے گانون کے آس پاس دور دور تمام عمیق پانی بھرا ہوا تھا صرف گھر بچے ہوے تھے۔ ۲۶- تاریخ ہفتے کے دن ہمنے سُنا کہ رات ہوے پیچھے کسورہ واپس چلنا ہوگا دن ڈھلے پروبن صاحب کی میم اور اُنکے بچون کے لیے ایک کشتی بھیجی گئی کیونکہ پانی ان دنون دھرم پور اور رنج پورہ مین بہت عمیق بھرا ہوا تھا اور ہمارے لیے بھی ایک ہاتھی آیا پروبن صاحب تو مع زن و فرزند کشتی مین گئے اور مین اور دزیر سنگھ ہاتھی پر۔ یہ پہلا وقت تھا کہ مین اس جانور پر گھوڑے کی طرح ننگی پیٹھ سوار ہوا اور چونکہ ہاتھی گہرے پانی اور کیچڑ مین کچھ دور تیرتا اور کچھ دور پایاب جاتا تھا ایسی حالت مین اُسپر آسن جمائے رہنا کچھ آسان نہ تھا۔ رنج پورہ سے چلنے کو ہم فوز عظیم سمجھے اور نو بجے رات کے اپنی پُرانی جگہون مین پہونچے یہان پہونچکر تو حقیقت مین ہمارے دل بہت ہشاش بشاش ہوے جب ہم اس جگہ سے روانہ ہوے تھے اُسوقت سے ہمارے لوٹ آنے کے چند گھنٹے پہلے تک یہان مویشی باندھے جاتے تھے

اور یہ جگہ ایسی گندہ اور خراب ہوگئی تھی جیسی اُسوقت تھی کہ ہم پہلے دھرم پور سے
یہان آئے تھے - اگرچہ یہ مکانات گندہ تھے لیکن چونکہ ہم پانزدہ روزہ ماضیہ مین تکالیف
رنج پورہ اُٹھائے ہوے تھے ہمکو یہ مکان نہایت آسایش اور راحت کی جگہ معلوم ہوتی
تھی - بیچارہ چھوٹا لڑکا اسوقت نہایت بے دم ہوگیا تھا اور سانس بھی مشکل سے
لیتا تھا اُسکی مان کو کہ اُنھین کی تیمارداری اور خبرگیری متصل کے سبب لڑکا
اب تک زندہ بھی تھا بہت مشکل سے تھوڑا گرم پانی مل گیا اور اُنھون نے
اُسکو نہلایا نہلانے سے ایسا معلوم ہوا کہ لڑکا پھر جی اُٹھا نہلا کر اُنھون نے
اُسکو ایک چارپائی پر لٹا دیا اور آپ اُسکے پہلو مین لیٹ گئین چونکہ پچھلی کئی راتون مین
اُنکو آرام نہین ملا تھا اور اُس لڑکے کو برابر گود مین لیے بیٹھی رہتی تھین اور اس
سبب سے بالکل تھک گئی تھین اسوقت لیٹتے ہی سوگئین - مین اُنسے تھوڑے
فاصلے پر الگ چارپائی پر لیٹا تھا - یکایک تنفس کی آواز بلند منقطع ہوگئی اور
مین لڑکے کو دیکھنے چارپائی کے پاس گیا کچھ سانس کی آواز نہین آتی تھی اور
اُسکا ننھا سا جی نکل گیا تھا مین نے اُسکی مان باپ کو جگایا اگرچہ بیمار بچہ جاتے
رہنے سے اُنکو بہت غم تھا لیکن اس امر کا شکر کرتی تھین کہ وہ لڑکا مرگ طبعی سے
مرا اور باغیون کے ہاتھ سے اُسکی جان نہ گئی - ہم سب نے مل کر خدا کو سجدہ
کیا اور میت صغیر کے حق مین دعا کی اور پھر مین وزیر سنگھ کو ساتھ لیکر رات کے
دو بجے باہر گیا کہ کوئی خشک جگہ تلاش کرون جہان اُسکی قبر کھودی جائے
یہ کام اگرچہ کسی قدر مشکل تھا لیکن آخر کو ایک جگہ درختون مین ملی کہ وہان
پانی نہ تھا اور نہ احتمال تھا کہ کبھی وہان پانی پہونچے - جب سب سامان

تیار ہو گیا اُس لڑکے کے بیچارے باپ نے وہ چھوٹی سی نعش ایک چادر مین لپیٹی
ہوئی اپنے ہاتھون مین اُٹھائی اور پیرون صاحب کی میم میرے بانہہ کے سہارے سے
پیچھے پیچھے چلین - احاطہ مین مویشی بندھے تھے ہم اُنمین ہو کر مشکل سے نکلے جنازے
کی نماز مین نے پڑھائی چونکہ دن بہت جلد طلوع ہونے کو تھا اور اتنی مبادرت
ہم نہین کر سکتے تھے کہ روز روشن مین کوئی ہمکو گانون کے باہر دیکھ لے پس وقت
بہت تھوڑا تھا ہمنے اُس لڑکے کو چھوٹی سی آرام گاہ مین دفن کر دیا اور خدا پر اُسکی
مغفرت کی نسبت توکل اور یقین واثق کر کے مٹی کو مٹی مین ملا دیا - دنیا کے بکھیڑون سے
اس لڑکے نے ایسی نجات پائی کہ مجکو بھی اُسکے آرام پر ایک نوع کا رشک ہوتا تھا -

اگست مہینے کی دوسری تاریخ روز یکشنبہ

آج مین صبح ہونے سے پہلے احاطے مین غل سنکر جاگ پڑا آنکھ کھول کر نگاہ کی تو دیکھا
کہ ایک شخص کشیدہ قامت مہیب صورت میرے روبرو کھڑا ہے ایک لتّے کی لنگوٹی
کیے باقی بالکل برہنہ نہایت لاغر پسینے مین ڈوبا ہوا مین نے بغور پہچانا کہ چھوٹے
جونس صاحب ہین جنکا حال ہردیو بخش نے ہمسے بیان کیا تھا کہ جس کشتی کو سپاہیون نے
گرفتار کر لیا تھا اُسمین سے بچ گئے تھے اب تک ہردیو بخش کے ایک گانون مین چھپے
رہے اور اس عمدہ خبر کے پہونچنے کے سبب کہ افواج انگریزی فتح کنان بڑھتی چلی
آتی ہے انکو بھی ہمسے آملنے کی اجازت دی گئی - یہ نہایت لاغر ہو گئے تھے اور
جب مین نے اُنکو پہچانا اور اُنسے بات کی تو اپنے ملک کی زبان سنکر اور اپنے وطن کے
آدمی کو دیکھ کر خوب پھوٹ کر روئے انھون نے اپنے بھاگ جانے اور آن مہمات کا
نہایت عجیب حال بیان کیا جو اُنکو اُسوقت کے بعد سے پیش آئین جب کہ اور

انگریزون کے ساتھ فتح گڑھ لوٹ جانے کے لیے دھرم پور سے چلے گئے انگریز لوگ جب تک ہوسکا قلعے کو سنبھالے رہے جب سامان جنگ ختم ہونے کو ہوا اور دشمن کی سرنگون نے اُس جگہ کو نامحفوظ کر دیا تب اُنھون نے اُن تین کشتیون مین چلنے کی تجویز کی جو زیر دیوار قلعہ اس خیال سے باندھ رکھی تھین کہ ضرورت کے وقت کام آئینگی۔ اتفاقاً جونس صاحب اُس تیسری کشتی مین تھے جو قلعے سے تھوڑی دور نکل کر ریت مین اٹک گئی تھی جونس صاحب اور اور لوگ جو اُسمین سوار تھے دوسری کشتی مین جا بیٹھے جیسا کہ بیان ہو چکا ہی جسوقت کہ یہ نقل و حرکت ہو رہا تھا سپاہی لوگ اُن توپون سے جو کنارے پر لگا رکھی تھین برابر گولے مار رہے تھے۔ لیکن کچھ نقصان نہین ہوتا تھا کیونکہ گولہ صاف اوپر کو چلا جاتا تھا۔ پہلی کشتی چھوڑ دینے کے بعد موضع سنگرام پور تک یہ لوگ صحیح سلامت بے اٹکاؤ چلے گئے لیکن وہان پہونچ کر یہ کشتی بھی ریت مین پھنس گئی گانون والون نے توڑے دار بندوقون سے انپر حملہ کیا اور کنارے پر دو توپین انپر گولہ باری کرنے کے لیے لا کھڑی کین۔ جونس صاحب اور اور لوگ جو کشتی پر سوار تھے پانی مین کود پڑے کہ کشتی کو ڈھکیلین لیکن کچھ اثر نہوا۔ اس اثنا مین اُنھون نے دیکھا کہ ایک کشتی دھار مین بہتی ہوئی ہمپر چلی آرہی ہی جونس صاحب اپنا رفل لینے کے لیے پھر کشتی مین اُچک کر گئے۔ اتفاق سے وہ رفل کشتی مین بہت پیچھے کی طرف رکھا تھا جونس صاحب نے جب اپنا رفل اُٹھایا تو اُنھون نے دیکھا کہ ایک سپاہی نے آہستہ کشتی پر جو چھپر پڑا ہوا تھا اُٹھایا اور دیکھا جونس صاحب نے اُسکے گولی ماری وہ گرا اور فوراً سپاہیون نے بڑی زور کی باڑ انپر سرائی

شروع کی اُسی مین چھوٹے چرچر صاحب سوداگر کے زخم مہلک لگا تب سپاہی
انکی کشتی پر چڑھنے لگے اور جونس صاحب اور بہت سی میمین اور لوگ گنگا
مین کود پڑے جب جونس صاحب نے کشتی کو چھوڑا تو سب سے اخیر حادثہ
اُنھون نے یہ دیکھا کہ چرچر صاحب حالت جانکنی مین اپنے خون مین لتھڑے
ہوئے تڑپ رہے تھے اور کپتان فرجرلڈ صاحب اپنی میم کو اپنے زانو پر لیے
بیٹھے تھے اور اپنے مجروح ہاتھ مین ایک بندوق لیے ہوئے تھے پانی کمر سے
اونچا تھا اور دھارہ بڑی زور مین بہہ رہی تھی تہ مین ریگ روان تھا اور اسی
سبب سے پانی مین کھڑا رہنا نہایت مشکل تھا اور بہت سے لوگ جو
دریا مین کود پڑے تھے دفعۃً بہکر غرق ہو گئے پانی مین اُترتے کے ساتھ ہی
جونس صاحب کے بھی ایک بندوق کی گولی لگی جو داہنے شانے کو توڑتی
ہوئی نکل گئی مگر ہڈی کو گزند نہین پہونچا اُسی وقت جونس صاحب نے
دیکھا کہ میجر رابرٹسن صاحب دھارہ مین کھڑے تھے ایک ہاتھ سے اپنی
میم کو سنبھالے تھے اور دوسرے ہاتھ مین اپنا چھوٹا بچہ لیے تھے اور ران
مین بندوق کی گولی لگی ہوئی تھی۔ رابرٹسن صاحب کی میم سے شوہر کا
ہاتھ چھوٹ گیا اور فوراً ڈوب گئین تب رابرٹسن صاحب نے اُس بچے کو کندھے پر
بٹھایا اور دھارے کے بہاؤ پر تیرنے لگے جونس صاحب نے جب یہ دیکھا کہ مین بباعث
زخمی ہونے کے اور کچھ نہین کر سکتا تو اُنھون نے اپنی جان بچانے کی فکر کی اور
اگلی کشتی پکڑ پانے کی امید سے دھارے کے رخ تیرنے لگے جب جونس صاحب
کشتی سے باہر کودے تب اُنھون نے پادری فشر صاحب کو رابرٹسن صاحب کے

حال مین مبتلا دیکھا کہ ایک ہاتھ مین اپنے چھوٹے بیٹے کو جسکی عمر آٹھ یا نو برس کی ہوگی اور خوب صورت پیارا پیارا لڑکا تھا لیے ہین اور دوسرے ہاتھ سے اپنی میم کو سہارا دے رہے ہین فنشر صاحب کی میم پانی مین ڈبکیان کھا رہی تھین اور قریب الہلاک تھین فنشر صاحب خود بھی مشکل سے اپنے پانؤن جما سکتے تھے۔ جب جونس صاحب کشتی سے دور نکل آئے تو ۵ یا ۶ میل کبھی تیرتے کبھی بہتے چلے گئے۔ جب تاریکی شام کی زیادہ ہونے لگی تو اُنھون نے دیکھا کہ اگلی کشتی رات کے سبب لنگر کر دی گئی ہے وہ اُسکے پاس پہونچے لیکن تیرنے کے تکان اور درد زخم کے سبب نہایت تھکے ہوئے تھے۔ چونکہ جونس صاحب بدن سے ننگے تھے پیٹھ آفتاب کی شعاع سوزان کے سبب جھلس کر کالی ہوگئی تھی۔ جب انکو لوگون نے کشتی مین چڑھا لیا تو کشتی والون کے کہنے سے معلوم ہوا کہ اُن لوگون پر جب سے فتح گڑھ چھوڑا صرف ایک یہ صدمہ ہوا تھا کہ گولڈی ایک لڑکی ماری گئی سنگرام پور کے قریب کنارے پر جو توپین باغیون نے لگا دی تھین اُنھین مین سے ایک گراپ کی گولی اس لڑکی کے آلگی۔ تو ٹیس صاحب کی میم کہ برابر استقلال سے رہین اور محاصرے کے دنون مین نہایت مستعدی سے لڑنے والے لوگون کو برابر چاے پانی وغیرہ پہونچاتی رہین فورًا جونس صاحب کے واسطے تھوڑی برانڈی اور پانی اور کھانا لائین تب اِنکے دم مین دم آیا اور اِنکے ساتھ والے کہ اُنمین سے جونس صاحب صرف اپنے ہی تئین بچا ہوا خیال کرتے تھے جس بیکسی کی موت سے مرے اُسکا حال ان لوگون سے بیان کیا تمام رات کشتی اُسی مقام پر ٹھہری رہی۔ صبح کے قریب ایک آواز سن پڑی کہ کوئی شخص کنارے سے

کشتی والون کو بلاتا ہی معلوم ہوا کہ فنشر صاحب ہین اگرچہ ان صاحب کی ران مین
بہت بڑا زخم لگا تھا تھوڑی دور کسی طرح تیرے پھر زمین پر اُتر لیے اور کنارے
کنارے چلے یہان تک کہ کشتی پکڑ پائی - لوگون نے انکو سہارا لگا کر کشتی پر چڑھا
لیا لیکن بدتر از مردہ تھے اور اپنی بی بی اور بیٹے کے لیے بہت تاسف کرتے
تھے کہ وے دونون ڈوب گئے صبح طلوع ہونے کے وقت لنگر اُٹھایا اور آگے
بڑھے لیکن بہت آہستہ آہستہ کیونکہ کوئی ملاح یا مشّاق کھینے والا کشتی مین
نہ تھا عہدہ داران ماندہ و کسل زدہ ڈانڈ کھینتے تھے شام کے قریب سب
لوگ نہایت تھک گئے کشتی ٹھہرادی اُتر کر اودھ کے علاقے کے ایک
گانون مین گئے جو کنار گنگ پر تھا اِس امید سے کہ بچون کے لیے کچھ دودھ اور
اپنے لیے کچھ کھانا لائین - گانون والون نے خوشی سے رسد کی چیزین سب
دین اور کسی طرح انکے ساتھ کج مداراتی نہین کی کشتی جسمین گنے ہوئے
ستر اسّی آدمی بھرے تھے اسقدر تنگی کرتی تھی کہ جونس صاحب کو لیٹنے اور
سونے تک کی جگہ نہین ملی تھی اور بدخوابی کے سبب نہایت تھک گئے تھے
انھون نے ارادہ کیا کہ کنارے پر چل کر کچھ آرام کرین ایک گانون والا اُنکے لیے
چارپائی لے آیا جونس صاحب اُسپر بیٹھتے ہی سو گئے - کرنیل سمتھ صاحب کے
حکم سے لوگون نے اُنکو جگایا کہ کشتی مین چلیے سب لوگ روانہ ہونے کو ہین لیکن
جونس صاحب نے دیکھا کہ مین تو بالکل شل ہو رہا ہون کشتی تک چلنا بہت مشکل ہے
پس اُنھون نے یہ دل مین ٹھہرائی کہ ہم تو جہان ہین وہین رہینگے جیسا کشتی مین مرنا
ویسا کنارے پر - اُنھون نے سمجھا کہ دونون حالتون مین موت سے گریز نہین

اسی لیے اُنھون نے یہ جواب کہلا بھیجا کہ مین نہین آؤنگا مجکو یہین رہنے دیجیے
اسکے بعد بھی کرنل سمتھ صاحب نے دو مرتبہ بتاکید اُنسے کہلا بھیجا کہ فوراً کشتی
مین چلے آیئے۔ لیکن آخر کار کشتی جونس صاحب کے بدون روانہ ہوگئی۔
جونس صاحب صبح تک سو یا کیے اُسوقت ایک غریب برہمن نے اُنکے حال پر
رحم کرکے اُنکو اجازت دی کہ آپ اس ایک چھوٹے سے چھپر مین رہیے۔
اُس جگہ دھوپ کا کسی قدر بچاو تھا جونس صاحب وہان گانون والون کے
ساتھ بلا مزاحمت رہے۔ اور اُس برہمن نے اُنکو پناہ دی یہان تک کہ اب اُنکو
ہمارے پاس چلے آنے کی اجازت دی گئی۔ دھوپ اور زخم کے سبب اُنکو
نہایت تکلیف تھی اُس جراحت کے مُہلک ہونے کا خوف تھا اور اگر جونس صاحب
ایک عجیب علاج جسکا بیان آگے آتا ہے نہ کرتے تو وہ زخم غالباً اُنکو ہلاک کرتا جسوقت
جونس صاحب کھانا کھانے بیٹھتے تھے تو ایک چھوٹا سا کُتا چھپر مین آیا کرتا تھا کہ اگر کوئی
ٹکڑا گرے گر جائے تو اُسکو کھا لے۔ جونس صاحب کے دل مین آیا کہ اگر کسی طرح
یہ جانور زخم کو چاٹ لیا کرے تو بے شک بہت نافع ہوگا۔ پس اُنھون نے یہی
کیا اور اُسکا نتیجہ بھی بہت سود مند ہوا کُتا صبح شام زخم کو چاٹنے لگا زخم انگور کر لایا
اور جب جونس صاحب ہم مین آملے بالکل قریب الاندمال تھا جس گانون مین
صاحب چھپے تھے اُس سے شام کے وقت چلے اور چونکہ تمام راہ غرق آب
تھی بڑی مشکل سے تمام رات چل کر تیرتے ہوئے صبح ہوتے کسورہ مین داخل ہوئے
اُنھون نے ہمسے بیان کیا کہ میجر رابرٹسن صاحب اُس گانون سے جسمین مین
رہتا تھا چار میل کے فاصلے پر ایک گانون مین ہین اور وہان کے لوگون نے

اُنکی بہت خاطر داری کی ہی چرچر صاحب اُس گانون سے جسمین ابرٹسن صاحب چھپے ہوئے تھے اور جسمین مین چھپا ہوا تھا دونون سے بڑی دور پر ایک ہیرون کا گانون ہی اُسمین چھپے تھے ہم مین سے کسی کو اجازت نہ تھی کہ ایک دوسرے سے ملین یا ایک دوسرے کے پاس کچھ پیغام کہلا بھیجین۔ خود جونس صاحب کی سرگذشت تو یہ تھی۔ لیکن اُنھون نے کہا کہ اُس کشتی کا حال جسکو مین نے چھوڑ دیا اور اُن لوگون کا جو اُسمین سوار تھے مجکو تحقیق معلوم نہین۔ لیکن جیسی خبرین ہمنے سُنی تھین اُنکو بھی پہونچین کہ کشتی کانپور سے گذر کر الہ آباد مین صحیح سلامت پہونچ گئی پھر یہ بھی سُنا تھا کہ ٹھبور کے پاس کشتی گرفتار ہوئی اور جتنے لوگ سوار تھے مار ڈالے گئے یہی بات ہماری طرح جونس صاحب کو بھی غالب الوقوع معلوم ہوتی تھی لیکن ہم بہ تکلیف توقع بہتری کرتے تھے اور یقین کرتے تھے کہ ایسا خوفناک حادثہ واقع نہوا ہوگا۔ آج کی نماز صبح مین ایک خاص عالم سکوت تھا کیونکہ ہم نہین جانتے تھے کہ جو حادثہ اُن لوگون کو پیش آیا جو ہمارے مخلص دوست اور رفقائے تھے اور ابھی چندروز ہوئے کہ ہمارے ساتھ اچھی طرح تھے اور جنکی نسبت ہمکو کئی سبب سے اب اس بات کا خوف ہی کہ سب مارے گئے ہونگے کتنی جلد ہمکو پیش آئے اس غم والم کی حالت مین مجکو یہ خیال آیا اور اُس سے ایک نوع کی تسلی ہوئی اور ہمت بندھ گئی۔ کہ لیٹن زبان کی انجیل مین یہ دعا لکھی ہی اے خدا اپنی مہربانی سے اُن سب لوگون کو جو خطر اور احتیاج اور عذاب مین مبتلا ہین مدد اور تسلی بھیج۔ ہم جانتے ہین کہ ہمارے عزیز اقارب اور احباب جہان کہین ہین اور ہزارون خدا کے بندے تمام روے زمین پر آج کے دن نہایت خشوع سے

ہمارے حق مین بھی دعا مانگ رہے ہونگے اُنکی دعا بیشک خدا تک پہونچ کر مقبول ہوگی اور ہو نہو خدا ہمکو ضرور بچائیگا اور ہمکو اپنے عزیزون سے پھر ملائیگا —

عبرانی زبان کی انجیل کے گیارھوین باب مین جو فرمایا ہی کہ بعض بندگان خدا ایمان کے ذریعے سے تلوارون کی دھار سے بچ گئے ہین اِس آیت کو پڑھتا جاتا تھا اور نور صدق میری آنکھون مین جلوہ گر تھا اگر وے لوگ اسطرح سے بچے تو ہم بھی ایسی امید کیون نہ کرین جس ہاتھہ نے اُنکو بچایا تھا کچھ اب کوتاہ نہین ہوگیا کہ ہمکو نہ بچا سکے بَل یَدَاہُ مَبسُوطَتَانِ اور جس کان نے اُنکی دعائین بسمع قبول سُنی تھین اُسی طرح کھلا ہوا ہی اور ہماری دعائین جو اُسی نجات دہندہ و شافع مقبول کے طفیل سے اور اُسی کا نام لیکر مانگی جاتی ہین سُننے کو آمادہ ہی واقعی وہ وعدہ کہ مین مصیبت کے وقت تیرے ساتھہ ہونگا اور تجکو نجات دونگا میرے حق مین اِس خوبصورتی کے ساتھہ ایفا کیا گیا کہ اب مجکو اُسکے صدق کی نسبت ہرگز کسی طرح کا شک نہین رہا اور میرے دل کی کیفیت یاس سے اطمینان اور مسرت کے ساتھہ تبدیل ہوگئی وہ آدمی جسکو مین نے ۲۰ جون کو بھیجا تھا کہ بداؤن ہوتا ہوا اینی تال بریسیم صاحب کے پاس چٹھی لیجائے آج شام کو لوٹ آیا اُسکی حالت نہایت تباہ تھی اُسنے بیان کیا کہ جسینی آپ کے چپراسی نے مجکو بداؤن مین پکڑ لیا تھا مین سمجھا کہ اس سے وہ مطلب جسکے واسطے مین نے سفر اختیار کیا ہی ظاہر کر دینے مین کچھ قباحت نہین لیکن افسوس ہی کہ مجکو اپنے اعتماد مین غلطی واقع ہوئی کیونکہ اُس چپراسی نے فوراً مجکو گرفتار کر لیا اور خان بہادر خان کی طرف سے جو نواب حاکم ضلع تھا اُسکے روبرو لے گیا غرض آپ کی چٹھی لوگون نے مجھ سے چھین لی اور مجکو بہت مارا اور قید کیا بارہ دن تک مجکو

قید رکھا اور نہایت سختی سے پیش آتے رہے آخرکار مجھ سے یہ اقرار لیکر چھوڑ دیا کہ
بارِ دیگر کسی انگریز کی پیغام رسانی ست کرنا جب مجکو رہائی ملی تو مین نے ارادہ کیا
کہ آپ کے پاس لوٹ چلون فرخ آباد سے ۲۰ میل کے قریب ادھر پہونچا ہونگا
کہ پھر مجکو نواب کے سپاہیان گارد نے جاسوس انگریزی سمجھ کر پکڑ لیا اور فرخ آباد بھیج دیا
وہان مین تین ہفتے تک اور بہت سے لوگون کے ساتھ قید رہا کل شام کے وقت
ایک شخص نے کہ وہ حاکم قید خانہ تھا مجکو چھوڑ دیا آٹھ آنے پیسے کہ میری ساری کائنات
تھی اُسکو رشوت مین دیے جب مین فرخ آباد سے روانہ ہوا اُس سے تھوڑی دیر پہلے
مین نے دیکھا کہ تین شخص انگریزی چٹھیون سمیت پکڑے گئے یہ لوگ آگرے سے
پورب کی طرف چٹھیان لیے جاتے تھے نواب کے حکم سے قواعد گاہ مین اُنکو توپ سے
اُڑا دیا شہر بدایون اور ضلع بدایون اور دیگر اضلاع انگریزی جنمین ہوکر وہ گذرا
ان سب کا حال اُسنے نہایت درجہ پر ابتر بیان کیا کہ دیہات روز پھونکے اور لوٹے
جاتے ہین اور سٹرکین اُجاڑ پڑی ہین کسی آدمی کی جان یا مال ایک لمحہ مامون
نہین بدایون مین مسلمانون اور ہندوون مین کچھ لڑائی ہوئی اور ہندوون کے
بہت سے سر شہر کے ناکون پر لٹکے ہوئے بھی اُسنے اپنی آنکھون دیکھے ہمارے
ملازمان پولیس اور ہندوستانی عملہ سب خان بہادر خان کے نوکر ہوگئے تھے
ہیرالڈھا سررشتہ دار فوجداری بدایون کا مجسٹریٹ بن گیا تھا اور ہیرا کوتوال
بھی باغیون کی تحت مین یہی عہدہ رکھتا تھا اِن دونون آدمیون کی شامت اعمال
سنکر مین نہایت متاسف ہوا دونون بہت اچھے عہدہ دار تھے اور کم سے کم چالیس
برس سرکار انگریزی کی نوکری اِس عمدگی سے کی کہ اُنکے لیے مایۂ اعتبار تھا

اور سرکار مین بھی اُنکی قدر کی جاتی تھی اور قریب تھا کہ معقول پنشن پاکر نوکری سے کنارہ کش ہون - میرے قاصد نے کہا کہ آپ کے اضلاع مین تو اس طرح آگ لگ رہی ہے اور تلوار چل رہی ہے لیکن اودھ کے تعلقہ دارون اور زمیندارون کے علاقے ٹھہرے ہوئے تالاب کی طرح سکون مین ہین اور واقعی ہردیو بخش کے علاقۂ وسیع کا یہی حال تھا اور اسی طرح اُن رئیسان مقتدر کا جو ہمارے حوالی مین تھے - ان علاقون مین ہنوز بغاوت نہین پھیلی اور خلقت بدستور اپنا معمولی کاروبار کرتی تھی اور اُن حدود مین سب طرح سے امن اور سکون تھا -

۴ - اگست روز سہ شنبہ

آج مین اپنے مکان کے سامنے جو چھوٹی سی جگہ ہے اُسمین ادھر اُدھر ٹہل رہا تھا یکایک مین یہ دیکھ کر خوش ہوگیا کہ روہنا میرا قاصد نینی تال سے آیا اور میم صاحب کے پاس سے ۲۷ - جولائی کی چٹھی لایا ۲۰ - مئی کے بعد سے یہی ایک چٹھی اُنکی میرے پاس آئی - روہنا نے میم صاحب اور مس گریسی دونون کو دیکھا کہ اچھی طرح ہین اُسنے مجھ سے کہا کہ جب مین بنگلے پر پہونچا تو میم صاحب کالی پوشاک پہنے ہوئے تھین جب اُنھون نے آپ کی چٹھی پائی تو اُٹھ کر چلی گئین اور سفید کپڑے پہن آئین قبل اسکے کہ مین وہ چٹھی جسکی ضخامت نہایت کم تھی کھولون مین اپنے چھوٹے سے مکان کے اندر گیا تا کہ خدا کا شکر ادا کرون کہ اُسنے اپنے کرم عمیم سے مجکو یہ بڑی تسلی دی جب مین نے چٹھی کھول کر پڑھی تو تہ دل سے پھر خدا کا شکر ادا کیا صرف اسی بات پر نہین کہ میم صاحب اور لڑکی خیر و عافیت سے ہین بلکہ اسپر بھی کہ میرے بھائی راڈرک صاحب

اور اُنکی میم مظفرنگر مین صحیح سلامت ہین میرٹھ کے بلوے کے بعد راٹدرک صاحب
فوراً یہان کے کلکٹر مقرر ہوگئے تھے۔ ساٹھ گورکھے اور چند افغان سوار
انکے ساتھ تعینات کردیے گئے تھے انکے ذریعے سے اُنکو ایسا موقع ملا کہ اپنے
ضلع کو سنبھالے رہے اور اُسمین امن قائم رکھا میم صاحب کی چٹھی سے اُن
خبرون کی تصدیق ہوئی جو مجکو پہلے معلوم ہوئی تھین لیکن مین امید کرتا تھا کہ غلط ہونگی۔
یعنی بریلی مین بیچارے صاحب اور رابرٹسن صاحب اور رکس صاحب کا مقتول
ہونا اور شاہجہانپور مین انگریزون کا قتل کیا جانا میم صاحب کے لکھنے سے معلوم ہوا
کہ نینی تال مین بالکل امن ہے اور علیٰ ہذا القیاس آگرے مین۔ اور دہلی اگرچہ ابھی تک
نہین لی گئی لیکن قریب الفتح ہے۔ پنجاب سے لیکر میرٹھ تک کچھ غدر نہین ہے
ابتداے ۱۳ جون سے یہ پہلی پکی خبر تھی جو دربارۂ حالات واقعی اضلاع شمالی و مغربی کے
مجکو پہونچی۔ اور ان خبرون کے آنے سے ہمارا بڑا اطمینان ہوا کہ حال بالکل اُس سرے پر
تباہ نہین ہے جیسا کہ ٹھاکر لوگ کہا کرتے تھے۔ روہنا نے کہا کہ مین نے بریلی
ہوکر پہاڑ تک پہونچنے مین بڑی ہی تکلیف اُٹھائی۔ کیونکہ راہ مین مختلف
مقامون پہ باغی لوگ چٹھیون کے لیے مسافرون کی سخت تلاشی لیتے تھے۔
روہنا نے میری چٹھی جو میم صاحب کے نام تھی ایک بانس کی لاٹھی کے اندر چھپائی تھی
اور یہ خیال کرکے کہ شاید کوئی چھین کر لاٹھی مین تلاش کرے اُسنے لاٹھی کو نیچے سے
آدھی دور تک کھوکلا کردیا تھا کہ اگر کوئی اسکو لیکر توڑ بھی ڈالے تو اُسی جگہ تک
ٹوٹ سکے اور جس جزو مین چٹھی چھپائی تھی مضبوط رہے اور چٹھی پکڑی نہ جائے۔
واقعی ایسا ہی پیش آیا بریلی اور رام گنگا کے بیچ مین ایک جگہ ایک سپاہی نے اُسکو روکا

اور لاٹھی اسکے ہاتھ سے چھین کر ایک سرا زمین پر مارا وہ لاٹھی بیچون بیچ سے دو ٹکڑے ہو گئی جیسا کہ روہنا سمجھے ہوئے تھا اور سپاہی نے یہ سمجھ کر کہ اسمین کچھ نہین ہے ٹکڑون کو الگ پھینک دیا روہنا نے وہ دونون ٹکڑے پھر اٹھا لیے اور آگے بڑھا — پھر کسی نے اس سے کچھ باز پرس نہین کی — میم صاحب نے جو چٹھی میرے نام لکھی تھی اسکو اسنے کنٹوپ کی تہ مین سی لیا تھا کئی مرتبہ سپاہیون نے وہ ٹوپ اسکے سر سے اتار اتار لیا لیکن چٹھی ظاہر نہین ہوئی — مین نے وزیر سنگھ کو ہردیو بخش کے پاس بھیجا کہ انسے جا کر یہ بیان کرو کہ میم صاحب کے پاس سے اچھی اچھی خبرین آئی ہین اور انکے لکھنے سے معلوم ہوا کہ ان اضلاع مین جو ہمسے جانب شمال واقع ہین امن چین ہے — ہردیو بخش نے بجواب اسکے بہت سی مبارکبادین اور دل آویز پیغام کہلا بھیجے اور یہ خبر بھی جو انکے پاس ابھی وقت آئی تھی کہ وہ کشتی جسمین مفروران فتح گڑھ بھرے ہوئے تھے بخیریت الہ آباد جا پہونچی اور گورون کی تین پلٹنین اور سکھون کی دو پلٹنین آگرے والی فوج سرکاری کی مدد کو پہونچ گئین —

۴ — اگست روز پنجشنبہ

جب سے ہم کسورہ مین آئے کل شام ہمکو اجازت ملی کہ باہر جا کر چہل قدمی کر آیا کرین کیونکہ گانون کے آس پاس بالکل پانی بھرا ہوا تھا اور اس امر کا اندیشہ نہین تھا کہ کوئی جاسوس یا اجنبی شخص آئے اور ہمکو دیکھ پائے — ہم اپنے کمبخت تنگ اور محبوس مکانون سے جو کھلے میدان مین گئے تو یہ تبدیل نہایت فرحت افزا تھی ہر طرح سے امن معلوم ہوتا تھا خلقت اپنے معمولی کاروبار کر رہی تھی ظاہرا کسی طرح نہین معلوم ہوتا تھا کہ آس پاس کچھ لڑائی یا بلوا ہو رہا ہے اور ہم لوگ ایسی حالت مین ہین جیسے پہاڑون پر شکار کے تیتر کہ ہم مین اور موت مین شاید ایک قدم کا فرق باقی ہے اور نہایت خوف زدہ صورت مین

رکھتے ہین - آج مین نے بیجناتھ کے ایک آدمی کو جو روہنا کے ساتھ بریلی سے
آیا تھا سیم صاحب کے نام ایک اور چٹھی دیکر روانہ کیا اُسنے بہت عذر کیا کہ
مین کوئی چٹھی نہین لونگا کیونکہ پکڑے جانے کا بہت خوف ہی اور اسکا نتیجہ یقیناً
موت ہی مین نے اُسکو صرف اسطرح رضامند کیا کہ اپنی چٹھی پر کے قلم کے اتنے
بڑے ———— ٹکڑے مین رکھکر دونون سرے بند کردیے اتنے
ٹکڑے کو وہ اپنے مُنھ مین بھی رکھ سکتا ہی اور بالفرض اگر کوئی اُسکو روکے تو
نگل جا سکتا ہی اس آدمی سے مجکو معلوم ہوا کہ روہیلکھنڈ مین مسلمانون نے
ہندوون کو تکلیف دینی شروع کردی ہی معابد ہنود مین گائین ذبح کرتے ہین
اور اُنکو سنکھ بجانے کی ممانعت کرتے ہین اس سبب سے ٹھاکرون نے
لوگون کو کہلا بھیجا ہی کہ سب اکٹھے ہو جاؤ اور ان موذیون پر حملہ کرو اگر لوگ
اس طلبی کی تعمیل کرینگے تو ہندو اس سبب سے کہ اُنکی جماعت کثیر ہی مسلمانون کو
نکال دینگے اور برین تقدیر انگریزون کو روہیلکھنڈ مین لوٹ آنے کا ایک اچھا
موقع ملیگا - ٹھاکرون کی زبانی معلوم ہوا کہ کانپور سے لکھنؤ مین مدد پہونچ گئی
راہ مین ان لوگون سے ایک لڑائی واقع ہوئی اُسمین دشمن نے بہت سخت
نقصان اُٹھایا جسا سنگھ نامے ایک سردار زخمی ہوا اور اُسکا ایک بیٹا بھی مارا
گیا اس فتح کا نتیجہ ہمارے حق مین یہ ہوا کہ ہماری مدارات بہت زیادہ ہونے
لگی اور پچھلی رات ہواخوری کی اجازت دی گئی مین ایک مرتبہ آرنولڈ صاحب
کی کتاب پڑھ رہا تھا اُسمین لکھا ہی کہ آیات زبور ایمان دارون کے لیے ہر حال
مین لاریب باعث تسلی ہوتی ہین - پرہیبن صاحب کی میم کا ایک صندوق جسمین

انکی بہت چیزین تھین دھرم پور مین ہردیو بخش کی سپردگی مین تھا جب ہم رنج پورہ سے لوٹ آئے تو انکو یہ صندوق ملا اور چیزون مین انکی بائبل یعنی عہد عتیق بھی تھی اور جب سے یہ کتاب مقدس ہمارے پاس ہی اور ہم اسمین آیات زبور پڑھ لیتے ہین کسی قدر تسلی ہمکو حاصل ہوتی ہی کوئی دن ایسا نہین گذرتا کہ اسمین جو خیالات اور جتنی حاجتین پیش آتی ہین انھین کے مناسب کوئی بیان ایسا نہ ملتا ہو کہ جسکے دیکھنے سے یہ ظاہر ہوتا ہی کہ گویا بالخصوص ان لوگون کے حق مین نازل ہوئی ہین جو ہماری طرح زیست ناخوش رکھتے تھے مثلاً آج کے دن پچیسوین سورہ کی ۱۳۔ اور ۲۶۔ آیت سے مجکو ایسی تشفی حاصل ہوئی کہ مین بیان نہین کرسکتا اور شام کے وقت ۲۷ سورہ کی ۱۴۔ اور ۱۵۔ اور ۱۶۔ آیات سے۔

چھٹی اگست

آج تک کوئی خبر نہین آئی اور غالب ہی کہ اب بُری خبرین آئینگی جیسے کہ پچھلے دنون اکثر اچھی آتی رہین۔ آج کا دن نہایت اداسی اور دل افسردگی کا تھا مدد بہت دور معلوم ہوتی ہی اور نجات ناممکن نظر آتی ہی مجکو ہمیشہ یہ خوف رہتا ہی کہ مین ایک نہ ایک دن ان غمون مین گھل کر مرجاؤنگا اور اپنے عزیزون کو اس دنیا مین پھر نہ دیکھ سکونگا اگر مشیت ایزدی اسی طور پر ہی اور اگر یہ مختصر روزنامچہ کبھی میری زوجہ محبوبہ اور بچون اور تمام گھر والون کے پاس پہونچ جاے تو انکے اتنے کام آویگا کہ یہ دیکھ لینگے کہ مین نے اپنے دن کسطرح گذارے اور کیسی جگہ مین رہتا ہون اسی نظر سے مین اس مقام کا نقشہ کھینچتا ہون۔

نقشہ

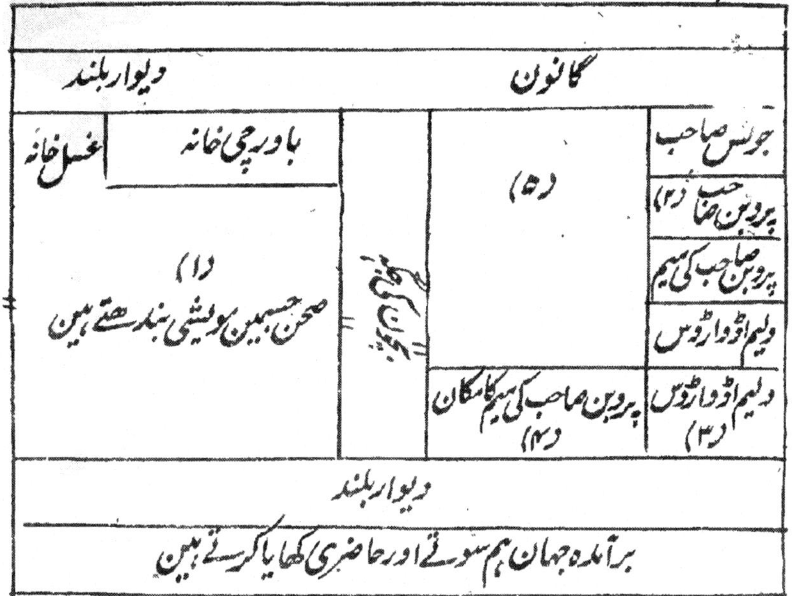

چار بجے صبح کے نمودار ہوتے ہی اول وقت مین جاگتا ہون اور اُٹھ بیٹھتا ہون اور نماز کے بعد جب مویشی کُھل جاتے ہین باہر جا کر اُس جگہ ٹہلا کرتا ہون جسپر ایک کے ہندسے کا نشان ہے یہ کُھلا میدان ہے ۳۰ یا ۴۰ گز کے قریب لنبا - یہان ہمکو صبح شام ٹہلنے کی اجازت ہے اسطرح مین تھوڑی سی ریاضت بدنی کر لیتا ہون یا ایک لکڑی کے کُندے پر بیٹھ جاتا ہون اور صبح کی تلاوت کے لیے جو آیات زبور مقرر ہین پڑھا کرتا ہون یہان تک کہ دھوپ زیادہ ہو جاتی ہے تب مین اپنے مختصر سے قید خانے مین جسپر تین کے ہندسے کا نشان ہے جا بیٹھتا ہون اسطرح ہمارا یہ وقت بسر ہوتا ہے یہان تک کہ دھوپ کے اندازے سے ہمنے جانا کہ اب دس بجے ہونگے تب ہم اکٹھے ہو کر نماز پڑھتے اور صحیفون کی تلاوت کرتے ہین پھر ہم کھانا کھانے بیٹھتے ہین اُسمین چپاتیان ہوتی ہین اور چاے کہ جسن

اتفاق سے ہمارے پاس بہت ہی جس صندوق مین یہ رکھی تھی بیچارہ
تھارن ہل صاحب کا تھا اور جب وے فتح گڑھ لوٹ گئے تو اس صندوق کو
دھرم پور چھوڑ گئے۔ گرمی اور دھوپ اور مکھیان اسقدر ستاتی ہین کہ تحمل نہین
ہو سکتا لاکھون مکھیان آکر گھیرتی ہین دھوپ اور مکھیون سے بچنے کے لیے
اکثر مین اپنی چھوٹی کوٹھری مین گھس بیٹھتا ہون اور وہان اپنا ہی دھسا دروازے
مین لٹکا کر تاریکی کر لیتا ہون کیونکہ اس کوٹھری مین ایک ہی دروازہ ہی حبس تو سخت
ہو جاتا ہی لیکن مین اسکو باہر رہنے پر ترجیح دیتا ہون کیونکہ دھوپ کی شعاع میری آنکھون کو
نقصان کرتی ہی پھر مین صحیفہ اور رجس صاحب کی عمدہ کتاب جو زبور کے ۱۹۱ سورہ پر
لکھی گئی ہی اور اسکا ایک نسخہ پروبن صاحب کی میم کے صندوق مین بائبل کی
طرح نکل آیا پڑھا کرتا ہون جب مین رنج پورہ سے کسورہ کو لوٹ کر گیا تب تک میرے
پاس صرف چھوٹی انجیل تھی لیکن اب پروبن صاحب کی میم روز چند گھنٹے کے لیے اپنی
بائبل جب اُنسے فارغ ہوتی ہین مجکو مستعار دے دیتی ہین یہ کسقدر غنیمت ہی کہ صحف
سماوی ہمارے پاس ہین چونکہ اور کتابین میرے پاس نہین ہین سوائے انکے مطالعے
کے اور کوئی مشغلہ نہین اور یہ کتابین گویا گنجینۂ تسلی و تشفی ہین لیکن یہ تصور تلخ
ہمیشہ رہا کرتا ہی کہ جتنے مواعظ اس باب مین ہین کہ عیسائی کو کسطرح دنیا مین
زندگی بسر کرنی چاہیے اب ہمسے متعلق نہین ہین ہمکو صرف اُن نصائح سے کام ہی
کہ عیسائی کو کسطرح مرنا چاہیے تین بجے کے قریب وزیر سنگھ ہر روز میرے
پاس آتا ہی اور صحیفے کا ایک پارہ مین اسکے ساتھ تلاوت کرتا ہون اور ہندوستانی
زبان مین اسکے ساتھ نماز پڑھتا ہون قبل اسکے کہ ہم رنج پورہ کو روانہ ہون

چند ہفتہ پہلے مین نے ٹھاکر دن سے پوچھا کہ ہندی زبان کی کوئی کتاب تمھارے
پاس ہے مین چاہتا ہون کہ اُسکو پڑھ کر اپنا دل بہلایا کرون صرف ایک جلد انجیل
حواری لوقا کی اُنکے پاس تھی کسی تیوہار مین ایک پادری نے کئی برس ہوئے
کسی ٹھاکر کو دی تھی اور تب سے وہ کتاب باحتیاط رکھی ہوئی تھی اُسنے یہ کتاب
مجکو مستعار دی۔ مین وزیر سنگھ کے ساتھ اسی مین ہر روز تلاوت کیا کرتا ہون
پانچ بجے کے قریب اُس چھپر مین جو ہمارے رہنے کے مکان سے باہر ملا ہوا ہے
اور مویشیون کے سایے کے لیے ڈالا گیا ہے مین غسل کرتا ہون جب تک کپڑے
پہنون شام قریب ہوتی ہے پھر برآمدے مین بیٹھ کر ہم کھانا کھاتے ہین چارپائیان ہی
ہماری میز اور کرسی ہین اسوقت کھانے مین اکثر یہ چیزین ہوتی ہین کچھ چاول چپاتیان
اور ککڑیون کی قسم کی ایک ہندوستانی مرطوب ترکاری بھونی ہوئی بعض
اوقات حسن اتفاق سے ہم ایک بکری یا بھیڑ کا بچہ خرید لیتے ہین اور جب
کبھی ایسا ہوتا ہے تو خوب گوشت کھانے مین آتا اور غذاے لذیذ میسر آجاتی ہے
لیکن شاذ نادر ایسا اتفاق ہوتا ہے۔ رنج پورہ مین گوشت یا چاول ہمکو کچھ
نہین مل سکتا ایک قسم کی پوریان اور چاے یا بھینس کا دودھ بس یہی کھاتے
ہین۔ اس غذاے ردی نے ہم سب کو خصوصاً بچون کو لاغر اور ناتوان کر دیا ہے
کھانے سے جب فراغت ہو جاتی ہے پھر ہم بیٹھ کر یا تو باخود با باتین کیا کرتے یا
باہر چلے جاتے اور ٹھاکر دن کے ساتھ جو اسوقت دودھ دوہتے ہوتے ہین گپ شپ
اڑایا کرتے ہین جب تاریکی زیادہ ہو جاتی ہے تو ہم نماز پڑھتے اور لیٹ رہتے ہین
کیونکہ روشنی ہمارے مکان مین مطلق نہین ہوتی اور اسی سبب سے

سونے سے بہتر کوئی مشغلہ نہین کر سکتے چونکہ ہمیشہ کی چوکسی سے ہمارے حواس ایسے تیز ہوگئے ہین کہ ادنی سا غیر معمولی کھٹکا حتیٰ کہ اُن درختون پر جو ہمارے پاس ہین ایک پرواز گنجشک بھی ہمکو جگا دینے اور اُٹھا بٹھانے کو کافی ہو اندنون کوئی رات ایسی نہ گذرتی ہوگی کہ ہم بڑی بھاری توپون کی آواز بڑے فاصلے پر لکھنؤ کی سمت مین نہ سنتے ہون ۔ ہم خیال کرتے ہین کہ کوٹھی رزیڈنسی کو جو باغی لوگ محاصرہ کیے ہین اُنھین کی توپین چل رہی ہونگی ۔ الغرض اسطرح ہمارے دن گذرتے ہین ۔ ہماری حالت اسطرح بدلتی رہا کرتی ہے کہ بعض اوقات کوئی اچھی خبر آجاتی ہے اور بعض اوقات (اور اکثر ایسا ہی ہوتا ہے) ایسی خوفناک اور مہیب کہ اسکے سننے سے روح پر صدمہ ہوتا ہے اور اسوقت ہمارے صبر آزمائے جاتے ہین اور جو لوگ ہماری جیسی حالت رکھتے ہونگے اُنکو خوب معلوم ہوگا کہ ایسی حالت مین ایسی خبرون کا اثر دلون پر کیسا ہوتا ہے بےشغلی سخت ناگوار ہے سہی نہین جاتی کوئی کام ایسا نہین کہ اُسمین جی لگا رہتا پس صابرانہ جہانتک ہو سکتا ہے واقعات آیندہ کا انتظار کرتے ہین جب صبح ہوتی ہے تو دل کہتا ہے کہ یا خدا کہین شام ہو اور جب شام ہوتی ہے تو یہ آرزو کرتے ہین کہ کہین صبح ہو ۔

آٹھوین اگست

آج کے دن جیسا کہ مین خیال کرتا تھا برعکس اُن اچھی خبرون کے جو چند روز پہلے آئی تھین بُری خبرین آئین لوگ کہتے ہین کہ لکھنؤ خالی ہوگیا یعنی سر ہوگیا ۔ ٹھاکر لوگ خالی کے لفظ سے فتح ہو جانے کو تعبیر کرتے ہین خدا کرے کہ ایسا نہوا ہو مین خیال کرتا ہون کہ ایسا نہین ہوا ہوگا ۔ ایک اور خبر یہ ہے کہ ہمارے دو بے آئین رسالے

جو ناںٔہاسے جا ملے تھے اور اُسکی فوج کے ساتھ شکست کھاکر فرخ آباد آئے تھے پھر کانپور گئے اس ارادے سے کہ پھر انگریزون کی نوکری کرین نواب فرخ آباد نے اُنکے دو ہاتھی اور اونٹ اور اسباب سب لٹوادیا اور اُنسے کہا کہ ہمکو تمہارا نوکر رکھنا منظور نہین اور کچھ سروکار تم سے نہین ہی - نواب نے جو اُنسے اسطور پر مدارات کی یہ اُنکو بہت برا معلوم ہوا اور چل دیے - ٹھاکرون نے آج مجھسے یہ درخواست کی کہ اگر آپ کہیے تو پیلی بھیت کی راہ ہم آپ کو نینی تال پہونچا دین - کستوری کی ایک لڑکی تھی پیلی بھیت کے پاس کوئی بڑا ٹھاکر رہتا ہی اُس سے وہ بیاہی گئی تھی وہ ایک چھوٹی لڑکی چھوڑکر مرگئی - یہ لڑکی چند روز سے اپنے نانا کے پاس رہتی تھی اب اپنے باپ کے پاس جانا چاہتی ہی اُسکو ایک پردہ دار پالکی مین لیجانے کو تھین اور یہ کہتے ہین کہ آپ کو بھی اُسی پالکی مین چھپاکر بٹھا دینگے - تمام رات چلا کرینگے اور دن کو دوستون کے گھر مقام کیا کرینگے اسطرح پر کوئی آپ کو دیکھنہ پائیگا اور بالفرض راہ مین اگر کوئی روکے تو فورًا اُس لڑکی کو دکھلا دینگے اور امید ہی کہ اسطور پر رفع شک غیرکا ہوجائیگا اور بلا مزاحمت چلے جائینگے پھر اُس ٹھاکر کے مکان سے پہاڑ کے نیچے تک کستوری کا سمدھی مجھکو ٹھیک ٹھیک روانہ کردیگا یعنی ایک دوست کے مکان سے دوسرے دوست کے مکان تک کہ سب راز دار اور ذمہ دار ہونگے یہ تجویز ممکن الوقوع معلوم ہوتی ہی لیکن پروبن صاحب کی راے مین سواے اسکے گنگا کی راہ پورب کی طرف گریز ہو اور کہین کو بھاگنے کا ارادہ کرنا خلاف مصلحت ہی

نوین اگست روز یکشنبہ

آج کا اتوار بھی ایسا امن کا نہوا جیسا ہم چاہتے تھے بہت سی افواہی خبرین آئین

کہ کانپور مین فوج انگریزی مغلوب ہو اور ہر کہین کم زور - اسکے سُننے سے ہماری ہمتین پست ہو گئین اور دل منتشر چند روز گذرے کہ پروین صاحب نے سیتارام کے ایک رشتہ دار کو بیس روپیہ پیشگی دیکر اس بات پر آمادہ کیا تھا کہ کسی طرح کانپور پہونچو اور وہان سے کچھ خبرین لاؤ اور حاکم فوج کے نام لا علی التعیین ایک چٹھی بھی اسکو لکھکر دیدی تھی — یہ آدمی آج لوٹ کر آیا اور کہنے لگا کہ باغیون کی فوج شہر کے آس پاس اس کثرت سے اٹی پڑی ہو کہ مین نو میل سے زیادہ چھاونی کے قریب نہ پہونچ سکا اور اس درجے کا خوف مجھ پر غالب ہوا کہ ایسا نہو کوئی پکڑ پائے آخر وہ چٹھی مین نے ایک درخت کی جڑ مین چھپا دی - اُسنے بیان کیا کہ لکھنؤ باغیون نے لے لیا فوج سرکاری جو وہان تھی نہ تیغ ہوئی - اور اس کثرت سے لوگ کانپور مین جمع ہین کہ غالبًا وہ بھی لکھنؤ کی طرح جلد فتح ہو جائیگا اسکی تصدیق کرانے کے لیے کہ وہ وہان تک پہونچا جہان تک اُسنے بیان کیا اُسنے تار برقی کا ایک ٹکڑا ہمکو دکھایا اور کہا کہ یہ ٹکڑا مین نے کانپور سے اُٹھا لیا تھا لیکن تھوڑی ہی پوچھ پاچھ سے ہمنے جان لیا کہ یہ ہرگز نہین گیا بلکہ اتنے دنون اپنے گھر ایک گانون مین جو یہان سے پندرہ میل دور ہو چپ چاپ بیٹھا رہا چونکہ سیتارام نے اسکی تقریب تسبیح کی تھی وہ اسکا یہ رویہ دیکھکر ایسا ناراض ہوا کہ اُسنے از خود کہا کہ مین آپ چٹھی کانپور لے جاؤنگا جب آپ کی مرضی ہو مجکو روانہ کیجیے -

دسوین اگست روز دوشنبہ

آج کے دن مین نے اپنی میم صاحب کے نام ایک مختصر سی چٹھی لکھکر ایک پر کے قلم مین بند کی اور رودھنا کو دیکر روانہ کیا وہ پیلی بھیت جائیگا اور وہان سے نینی تال

تک میرے لیے راہ کا بندوبست کریگا اور ہمکو واپس آکر خبر دیگا کہ آیا سڑک پر
مرور ممکن ہی یا نہین رہنما کو گئے ہوئے مشکل سے دو گھنٹے ہوئے ہونگے کہ
مسٹر ہیچناتھ کا آدمی کہان سنگھ جو چند روز پہلے ہمسے مل گیا تھا آیا مین نے اس
امید پر کہ وہ نینی تال سے کوئی چٹھی ضرور لایا ہوگا فورًا بلا لیا لیکن مین بہت دل شکست
ہوا کہ وہ وہان نہین گیا تھا بلکہ صرف بریلی سے آیا اُسکے آقا نے اُسکو اسلیے بھیجا تھا کہ دیکھے
صاحب کا کیا حال ہی اور کانپور سے ٹھیک خبر لاوے مین اُس سے چٹھی نہ پا کر ایسا آزردہ خاطر
ہوا کہ اُس سے گفتگو کرنا یا اُسکی خبرون کو سننا بھی مجکو ناگوار تھا لیکن اُسکی خبرین
البتہ اچھی تھین وہ بیان کرتا تھا کہ سرکاری فوج جو دہلی کے مقابل پڑی ہی نہایت
فتح یاب ہی میرٹھ اور سہارنپور اور بہار کے مقامات بالکل امن مین خان بہادر خان
کی فوج نہایت ذلیل بے ہتیار اور نا منتظم ہی اور چھوٹی چھوٹی صرف چھ توپین اُنکے
پاس ہین اُسنے کہا کہ آپ اسکو باور فرمائیے کہ صرف اتنی خبر کہ سرکاری فوج فتح گڑھ کو
آتی ہی باغیون سے روہیلکھنڈ خالی کرا لینے اور تسلط سرکار بٹھا دینے کو کافی ہی
کیونکہ ہندو انگریزون کی طرف ہین اور جل رہے ہین کہ مسلمانون سے اپنا انتقام لین
جسوقت کہان سنگھ سے یہ گفتگو ہو رہی تھی اُسوقت ہم سب لوگ اور ٹھاکر بھی موجود
تھے جب اُسنے اپنی تقریر تمام کی تو مین نے اُسکو رخصت کیا اور کہا کہ مین تمکو کل
روانہ کرونگا اور ایک چٹھی مسٹر ہیچناتھ کے نام دونگا اور ایک نینی تال کو
جب وہ باہر جانے کے لیے اُٹھنے لگا تو اُسنے چپکے سے میری طرف ایک اشارہ کیا کہ
اور کسی نے نہین دیکھا اس غرض سے کہ مین آپ سے تخلیے مین کچھ کہنا چاہتا ہون
مین سمجھ گیا اور آدھ گھنٹے بعد جب مین اپنے مکان مین تنہا ہوا مین نے وزیر سنگھ کو بھیجا

کہ اُسکو بُلا لاؤ - اُسنے آکر بیان کیا کہ میرے آقا نے باین خیال کہ اگر آپ زندہ ہین تو
لامحالہ آپ کو روپے سے بہت تکلیف ہوگی آپ کے خرچ کے لیے میرے ہاتھ پانسو روپے
بھیجے ہین یہ روپیہ اسطرح بھیجا ہے کہ براے نام تو کانپور کے قریب گورسہاے گنج
ایک بستی ہے وہان کے مہاجن کے نام دو ہنڈیان کر دی ہین لیکن در حقیقت روپیہ
فرخ آباد کے مہاجن سے وصول ہوگا ایک مخفی علامت اُسمین کر دی ہے اُسی کے
ذریعے سے اور یہ تغلیط اس غرض سے ہے کہ شاید کوئی شخص پکڑ کر ہنڈیان چھین لے
تو دھوکا کھائے گھان سنگھ نے کہا کہ مین فرخ آباد آسانی سے جا سکتا ہون اور مین
سڑک پر یہ بات کہتا چلا آتا ہون اور اگر سپاہی مجکو فرخ آباد جاتے ہوئے پکڑینگے
تب بھی اُسی کا اعادہ کرونگا کہ غدر سے پہلے میرے آقا نے ایک کشتی مین نیل کا بیج
بھر کر اپنے آدمیون کے ہاتھ کانپور بھیجا تھا تین مہینے ہوئے کہ اُس کشتی کا کچھ حال
معلوم نہین ہوا اور چونکہ آدمی خرچ کی بڑی ضرورت رکھتے ہونگے میرے آقا نے مجکو
یہ دو ہنڈیان دیکر بھیجا ہے کہ گورسہاے گنج مین انکو بٹا کر اُن لوگون کو خرچ پہونچانا اگر
انکا حال معلوم ہو سکے یا اُنسے ملاقات ہو گھان سنگھ نے کہا کہ یہ بات بہت آسان ہے جب تک
میرے پاس صرف ہنڈیان ہونگی سپاہی لوگ مجھ سے باز پرس نہین کرینگے یہ اُنکے
کس کام کی ہین لیکن ہنڈیان بھنا لینے کے بعد خیر و عافیت سے روپیہ یہان لے آنا
البتہ مشکل ہے مین نہین جانتا کہ اِس کام کا انجام کیونکر ہوگا - وزیر سنگھ نے صلاح
دی کہ مین اِس باب مین بڈھے کستوری سے مشورہ کرونگا وہ آدمی قابل اعتماد اور
کھرا اور دیانت دار ہے دوسرا کوئی ایسا نہین کہ اس معاملے مین اُسکا اعتبار کیا جاسے
خدانخواستہ اگر کہین یہ لوگ جان جائین کہ پانسو روپے آپ کے پاس ہین تو وہ اُسکے لالچ سے

فوراً آپ کا کام تمام کروا لیں۔ پس اس معاملے کو سب لوگون سے بہ استثنائے کستوری نہایت مخفی رکھنا چاہیے۔ مین نے اُس سے کہا کہ جب اندھیرا ہو اور کستوری سونے کو جائے تو بہتر ہی کہ تم اُسوقت اُسکے پاس جاؤ اور صلاح کر کے کوئی تجویز نکالو وہ بڈھا آدمی ہمیشہ ایک جگہ اکیلا سویا کرتا تھا ایک گھوڑی جو اُسکو بہت عزیز تھی اور اُسکا بچہ یہ دو جانور اُسکے پاس بندھے تھے پس یقین کُلّی تھا کہ اُس جگہ جو گفتگو ہو مخفی رہیگی آج کی رات ہم سب لوگ سویرے سو رہے کیونکہ رات اندھیری تھی اور پانی شدت سے برس رہا تھا۔ پرون صاحب کی میم یکایک اپنی چارپائی سے کہتی ہوئی اُٹھ بیٹھین کہ بھشتی آیا۔ مین بھی جاگ پڑا اور اُٹھ بیٹھا دیکھا تو واقعی ایک آدمی احاطے مین چلا آتا ہی یہ پرون صاحب کا سقا تھا دو یا تین ہفتے ہوئے ہونگے کہ صاحب نے ریڈ صاحب اپنے چچا کے نام اسکو ایک چٹھی دیکر آگرے بھیجا تھا اُسمین ہم لوگون کا حال لکھا تھا اور اُنسے پوچھا تھا کہ وہان کیا حال ہی اور ہمکو صلاح بتایئے کہ کیا کرین۔ تب تو ہم سب کے سب اُٹھ بیٹھے اور بہت شوق سے اُس سے کہا کہ خبر کہو اور کوئی چٹھی بھی تم ہمارے نام لائے ہو۔ اُسنے کہا ہان لایا ہون وہ چٹھی میری لاٹھی مین جو بڑے وزنی بانس کی تھی بند ہی چٹھی ایسی بُری طرح اور مضبوطی کے ساتھ چھپائی گئی تھی اور لکڑی ایسی سخت تھی کہ چٹھی نکالتے آدھ گھنٹے سے زیادہ لگا وہ یونانی حروف مین لکھی ہوئی تھی اور نہایت اچھی خبرین اُس سے معلوم ہوئین کہ جب سے جولائی مہینے مین ہم لوگ ایک لڑائی لڑے اور قلعے مین لوٹ کر چلے آئے تب سے آگرے مین بالکل خیر و عافیت ہی دہلی مین ہماری فوج اچھی خاصی غالب ہی باغیون کے جتنے دھاوے ہوتے ہین سب کو بہ آسانی دفع کر دیتی ہی

پہچین کی فوج کلکتے مین آگئی جنرل ہیولاک صاحب لکھنؤ چھڑا لینے کے لیے آئے ہین
اور غالباً اب تک آگئے ہون — ہمارے حق مین ریڈ صاحب نے یہ صلاح لکھی کہ
جہان آپ لوگ ہین وہین بنے رہین یہان تک کہ کانپور مین انگریزی فوج مین جا ملنے کا
ایک مامون موقع ملے — ریڈ صاحب نے لکھا تھا کہ میری دانست مین فوج انگریزی
بہت عرصہ بعد فتح گڑھ لینے کا ارادہ کریگی ریڈ صاحب کی خبرون مین صرف یہ ایک
خبر ہم لوگون کی ناخوشی کا باعث تھی کہ کنٹنجنٹ گوالیار باغی ہوگئی اور خوف ہے
کہ آگرے پر حملہ آور ہو لیکن چونکہ دریاے چنبل خوب طغیانی پر ہے چند روز تک
وے اسپر عبور نہین کر سکتے اور اتنے عرصے تک آگرہ مامون رہیگا —

گیارھوین اگست

باوجودے کہ رات ایسی اچھی خبرین آئین تاہم آج کا دن ایک عجیب سناٹے اور
اُداسی کا تھا آج بھی چند خبرین آئین اور ٹھاکر لوگ اُنکو سچا جانتے ہین اور ہمیشہ
یہ لوگ ایسی افواہین جو ہمارے برخلاف ہوتی ہین یقین کر لینے کو موجود ہو جاتے
ہین اور جو خبرین ہمارے مفید مدعا ہوتی ہین اُنمین ایک کا بھی یقین نہین کرتے —
خبرین یہ ہین کہ کانپور کو باغیون نے بالکل محاصرہ کر لیا سرکاری فوج نے دہلی مین
شکست کھائی اور مجبور ہو کر محاصرہ اُٹھا لیا — جنرل ہیولاک صاحب کی فوج
لکھنؤ مین بیلی گارد والی فوج کو نتیجۂ دشمن سے نہ چھڑا سکی اور کانپور لوٹ گئی یہ بھی
خبر آئی ہے کہ بیگم نے لکھنؤ مین یہ منادی کرا دی ہے کہ جو کوئی کسی انگریز کا سر لاے سر
پیچھے ایک ہزار روپیہ انعام پائے — ٹھاکرون نے ہمسے صاف بیان کیا کہ منادی کی
خبر پہونچنے سے آپ لوگون کا یہان رہنا زیادہ تر موجب خطر ہو گیا ہے کیونکہ ایک

گانوٗن والے کو آپ لوگون کے مار ڈالنے کا ایک حیلہ ہاتھ آگیا ہی - آپ لوگون کی
جماعت چار پانچ ہزار روپے کا مال ہی - اُنھون نے ہمسے کہا کہ روز روشن مین اُس
چھوٹے سے احاطے مین جو آپ لوگون کے رہنے کے مکانات کے باہر طرف ہی ہرگز
ظاہر طور پر مت نکلا کیجیے اور رات کے وقت خوب چوکنے رہا کیجیے دروازے
اور راہین باحتیاط بند کر لیا کیجیے - ان لوگون کے کہنے سے ہم لوگ ہمیشہ بندوقین
اور پستول بھرے ہوے اپنے پاس رکھے رہتے ہین بیشک ان سب باتون سے
ایک اُداسی برستی ہی شام کے وقت ہردیو بخش ہمسے ملنے کو آے اور صاف
صاف کہا کہ مین اب ڈرتا ہون شاید آپ لوگون کو زیادہ یہان نہ رکھ سکونگا -
مجھسے کہا کہ آپ فوراً نینی تال کو روانہ ہوجیے یا پروبن صاحب کا ساتھ
دیجیے مین نے ارادہ کیا ہی کہ انکو خشکی کی راہ کانپور پہونچوا دون اور اپنے آدمی
اس امر کا بندوبست کرنے کے لیے دوڑائے ہین کہ علاقہ اودھ سے آپ لوگ
پاس گذر جائین اور آپ کو ایک دوست کے مکان سے دوسرے دوست کے
مکان تک پہونچا کر جنرل ہیولاک صاحب کے کمپو مین داخل کر دیا جاے میرے
جتنے دوست راہ مین ہین انمین اکثرون کے جواب تو میری مرضی کے موافق آچکے
ہین صرف ایک یا دو کے جواب کا انتظار ہی جستا سنگھ نے اقرار کیا ہی کہ مین بطوع خاطر
انگریزون کو آنے دینے اور آنکو انگریزی کمپو تک پاس پہونچا دینے مین راضی
ہون - پروبن صاحب نے ہردیو بخش کی تجویز کے اس فقرے پر نہایت
نارضامندی ظاہر کی اور کہا کہ مجکو خوب معلوم ہی جستا سنگھ نانا صاحب سے
سازش رکھتا ہی فتح پور چوراسی مین نانا صاحب اُسی کے مکان مین چھپے ہوے تھے

علاوہ برین جب جسا سنگھ ہمارے مقابلے پر لڑ رہا تھا تو وہ زخمی ہوا۔ ہردیو بخش نے
اسکو تسلیم کیا کہ ہان یہی حال ہوا لیکن کچھ خوف کی بات نہین ہے کیونکہ جسا سنگھ
آپ لوگون کی حفاظت کے لیے مجھ سے بات ہار چکا ہے اور کبھی سُنا نہین گیا کہ
کسی ٹھاکر نے اپنے ہم چشم رئیس کے ساتھ بدعہدی کی ہو۔ ہردیو بخش نے
یہ بھی کہا کہ آپ کچھ ہی اغراض تبھی جانا ضرور پڑیگا۔ کیونکہ لکھنؤ کے سر ہونے کی
اور غالبًا اب تک سر ہو ہی چکا ہوگا تمام علاقے مین عامل مع افواج بھیجے جائینگے
اور بھاگنے کے جملہ طرق مسدود ہو جائینگے۔ آخر کو ہردیو بخش نے یہ کہکر
رخصت ہوے کہ خشکی کی راہ آپ کے جانے کا بندوبست کرکے مین آپ کو
خبر دیتا ہون ایک تو ہردیو بخش نے یہ اپنے دل مین ٹھانی کہ ہم لوگون کو روانہ کرے
دوسرے ریڈ صاحب نے لکھا تھا کہ یہ کسی طرح ممکن الوقوع نہین معلوم ہوتا کہ
فوج سرکاری بہت جلد فرخ آباد فتح کرے اور اسی نظر سے آپ لوگون کے بچاؤ کی
صرف یہی ایک صورت ہے کہ کانپور مین انگریزون سے جاملیے ان باتون سے ہمارے
دل مین آیا کہ مستعجلًا جنرل ہیولاک صاحب سے اس مقدمے مین کچھ صلاح کیجیے
ریڈ صاحب کے لکھنے سے یہ بات بھی معلوم ہوئی تھی کہ ہیولاک صاحب وہان
حاکم فوج ہین۔ اسی لیے ہمنے یہ تجویز ٹھہرائی کہ ایسے موقع پر سیتا رام سے کام لینا
چاہیے کہ وہ کانپور جانے کو کہہ بھی چکا ہے اور اسی کو چٹھی دیکر بھیجنا چاہیے۔
ہرد بن صاحب نے یونانی حروف مین ایک چٹھی ہیولاک صاحب کے نام لکھی اور
اسکو ایک پر کے قلم مین بند کیا اُس چٹھی مین یہ لکھا کہ ہم ایسے پاس کے مقام مین کیا
آپ کی کیا صلاح ہے گو انساط لقہ بہتہ ہے کہ ہم یہان سے بھاگ کر آپ کے کیمپ مین

آئلین۔ صبح وزیر سنگھ نے مجھ سے کہا کہ مین نے رات کے وقت کستوری سے اس
باب مین گفتگو کی کہ فرخ آباد سے روپیہ لانے کا کون سا طریق بہتر ہی۔ کستوری اور
کہان سنگھ دونون شام کے وقت آئینگے اور اسکا حال آپ سے خود بیان کرینگے
شام کے پانچ بجے کے قریب وے دونون آئے کستوری نے یہ صلاح بتائی کہ ہردیو بخش
کے علاقے سے باہر کسی پاس کے گانون سے دو ٹٹو کرایہ کیے جائین کیونکہ اگر ہردیو بخش
کے گانون سے کرایہ کیے جائینگے تو گنگا کے گھاٹ پر نواب کے آدمی انکو روکینگے
اور گرفتار کر لینگے پھر یہ ٹٹو میرے پاس آئین اور انپر اناج لادکر فرخ آباد لے جائین
لوگون کو یہ ظاہر ہو کہ غلہ بیچنے جاتے ہین نواب کے آدمی اور سپاہی بہت چاہتے ہین
کہ شہر مین رسد کثرت سے آوے اور اسی غرض سے مزاحم نہونگے جب اناج بک جاوے
تو ٹٹو رات کے وقت مہاجن کے گھر لے جائین وہ ہنڈیون کا روپیہ دے دے
اور گونون مین سی لیا جاوے اگلے دن ٹٹو لے کر دریا اترائینگے اور چونکہ یہ ظاہر ہوگا کہ
خالی ٹٹو گھر لوٹائے لیے جاتے ہین تو غالبا نہ تو کسی کو شبہہ ہوگا اور نہ کوئی روکیگا۔
یہ تجویز ہمکو ایسی عمدہ معلوم ہوئی کہ مین نے کہا اسی کو اختیار کرنا چاہیے۔

تیرھوین اگست

ہم پچھلی رات یہ سنکر بہت خوش ہوئے کہ کانپور کی مدد کو آٹھ پلٹنین آپہونچین
بے شک یہ چین کی فوج ہی اور بہت ہی مناسب وقت پر آئی اب سب کام ٹھیک
ہو جائیگا پھر اسکے تھوڑی ہی دیر بعد ہم یہ سنکر مغموم ہوے کہ ایک سپاہی گھر
جاتے ہوے تھوڑی دیر گانون مین ٹھہرا تھا وہ کہتا تھا کہ باغیون کی بمبئی سے
پندرہ پلٹنین گوالیار مین پہونچ گئین انمین سے آٹھ پلٹنین تو جلد اتر کر آگئین

دہلی کی مدد کو روانہ ہوئین اور باقی گوالیار مین مقیم ہین تاکہ مہاراجہ سیندھیا کے
کنٹنجنٹ کے ساتھ ہوکر بفور اسکے کہ موسم مناسب آوے آگرے پر حملہ کرین
ایک اور خبر یہ پہونچی کہ سرکار نے صوبہ اودھ بادشاہ اودھ کو دیدیا - یہ بھی
سنا گیا کہ ہماری فوج تحقیق دہلی کو چھوڑکر چلی گئی اور یہ مجبوری لوٹ گئی اور غالبًا
اُلٹی خود محصور ہوگئی - یہ سب خبرین اور شدت کی گرمی اور مچھرون کے دل
مزید بران انکے سبب سے رات نہایت تکلیف اور خوف مین بسر ہوئی مین یہ خیال
کرتا تھا کہ اگر ہماری فوج دہلی چھوڑ گئی ہے تو لامحالہ گورکھے ہمسے پھر گئے ہونگے اور اس
صورت مین یقینی تھا اگر فتح نہو چکا ہوگا تو بڑے خطر مین ہوگا اور رفقا انگریز وہان ہین
سب مارے گئے ہونگے - مچھرون سے اکثر ہم اسطرح محفوظ رہتے ہین کہ ہر شب
سوکھا ہوا گوبر ہوا کے رُخ اس جگہ کے کونے مین جہان ہم سوتے ہین سُلگا دیا کرتے ہین
گھٹا ہوا دھوان جو ہماری چارپائیون پر رات کو ہوکر گذرتا ہے یہ جانور سب شوہو
لیجاتا ہے - لیکن پچھلی رات یہ تدبیر کچھ کارگر نہوئی کیونکہ ہوا مطلق نہ تھی اور سلگتے ہوے
گوبر کا دھوان ہمارے آس پاس ایسا گھٹا ہوا اور بند تھا کہ تنفس مشکل ہوگیا تھا
اور اسی لیے ہمنے آگ کو بجھا دیا مچھرون نے اس موقع کو غنیمت سمجھا اور ہزارون
ہمپر ٹوٹ پڑے اور سونا یا آرام کرنا محال کردیا اس قسم کے صدمات جو روح
اور جسم پر گذرتے ہین ممکن نہین کہ بیان کیے جاسکین ایسے وقتون مین آیات
زبور حسب تسلی تشفی معلوم ہوتے ہین جسوقت اندر اور باہر بالکل اندھیرا اور
سنسان ہوتا ہے انسے ہمیشہ تشفی اور آرام حاصل ہوتا ہے چونکہ اکثر آیات اوقات خطر
تجربہ یاس ہین کہ جب داؤد ہماری طرح دشمنان تشنہ خون سے بھاگتے اور چھپتے

جاتے تھے لکھی گئی ہین تو ہماری حالت سے انکو ایک مناسبت خاصہ تھی ۔
آج صبح کے وقت اٹھاونوین۵۸ سورہ کی پانچوین۵ آیت سنکے مجکو بہت بڑی تشفی ہوی
اسکی تلاوت سے مجکو یہی یقین ہوا کہ اگر مین مار بھی ڈالا جاؤنگا تو میری بیوہ
بیوی اور یتیم بچون کے ساتھ میرا خدا رہیگا پھر وہ مضمون جو اگلی آیت مین ہی کہ
خدا بچھڑے ہوون کو انکے بال بچون سے ملاتا ہی اور وہ جامع المتفرقین ہی نہایت
تسلی بخش ہی موت اور حیات دونون اسی کی طرف سے ہین ۔ اور وہ اپنے فضل سے
مجھ نالائق ترین بندگان کے حق مین اپنی قدرت کاملہ دکھاوے اور مجکو میرے بال بچون مین پہونچاوے

چودھوین۱۴ اگست

آج ایک عجیب افواہ سُننے مین آئی کہ گورنر جنرل بادشاہ اودھ کو ساتھ لیے
آتے ہین اور آج کانپور داخل ہونگے اور وہان پہونچ کر ملک اودھ فرمانروائے
سابق کو حوالہ کر دیا جائیگا ۔ اس امید سے ٹھاکر لوگ بہت خوش معلوم ہوے
اور کہنے لگے کہ ولایت کی کونسل سے کہ وہ ہمیشہ انصاف کرتی ہی حکم آیا ہی اور
کونسل سے انکی غرض کورٹ آف ڈیرکٹرس ہین اودھ کے لے لیے جانے کے
باب مین وے مجھ سے اکثر گفتگو کیا کرتے اور پوچھا کرتے تھے کہ کیون صاحب
گورنر جنرل سلیمن صاحب کی (کہ ٹھاکر لوگ اپنی بولی مین انکو سلیمون صاحب کہتے ہین)
صلاح پر کیون چلے ان لوگون کا مقولہ یہ ہی کہ سلیمن صاحب ہی نے ہمارا
راج برباد کیا ہماری قوم کے عہدہ دارون مین سے بعض کا تذکرہ یہ لوگ
نہایت ادب اور محبت سے کرتے ہین خصوصًا سیتاپور کے کمشنر سابق کرسچن صاحب
بہادر بہ قسم کہتے ہین کہ ہم دیسی پلٹن والون یعنی اکتالیس پلٹن والون سے

جنھون نے اُنکو اور اُنکے بال بچون کو سیتاپور مین قتل کیا ہی ضرور انتقام لینگے پر
انھون نے بیان کیا کہ اگر ہم لوگ ہمیشہ اُنکی حضور مین باریاب ملازمت ہوا کرتے
تو کوئی وجہ سلطنت انگریزی سے شکایت کرنے کی نہ تھی لیکن صاحب کو کام بہت
رہتا تھا اور ملاقات بہت کم ہوتی تھی ہندوستانی عہدہ دارون کی بہ نسبت
اُنکا یہ بیان تھا کہ سب کے سب بدذات تھے ایک ہندوستانی ڈپٹی کلکٹر جو سانڈی
مین متعین تھا ٹھاکر لوگ اُسکا ذکر اکثر مجھ سے کیا کرتے تھے وے اُسکو نہایت بُرا
کہتے تھے اور بیان کرتے تھے کہ اِس شخص نے بڑے لمبے لمبے جوتون کا ایک
جوڑا بنوا رکھا تھا اور اگر کوئی شخص جتنی رشوت وہ طلب کرتا نہ دیتا یا دیہات
یا اراضی کے فیصلے کی بہ نسبت اُسکے کہنے بموجب دستخط نہ کرتا گو وہ فیصلہ کیسا ہی نادرست
اور موجب حق تلفی ہوتا وہ سر کچہری انھین جوتون سے پٹواتا تھا اور ہندوستانی
لوگ اِس سزا کو نہایت بےعزتی جانتے ہین — بڈھے کستوری نے مجھ سے
بیان کیا کہ ایک ہزار روپیہ تو میرا عرضیون مین خرچ ہوا اور ایک عرضی
کرسچن صاحب تک نہ پہونچی اور چھ ہزار روپئے سے زیادہ رشوتون مین گیا اور
با اینہمہ وہ دیہات جو پشت ہا پشت سے میرے اور میرے بزرگون کے
ٹھیکے مین چلے آتے تھے ہاتھ سے نکل گئے اور جو بچے اُنپر جمع ایسی سنگین تجویز
ہوگئی کہ سال ماضی مین اپنے گھر کا زیور اور ایک گھوڑی کہ اُسکو مین نہایت عزیز
رکھتا تھا بیچ کر مالگزاری ادا کی — امسال اگر حسن اتفاق سے بلوا نہو جاتا
تو مین بےشک باقی دار ٹھہرتا اور سب کچھ بک جاتا — مین نے اُس سے پوچھا
کہ تمنے لکھنؤ جاکر چیف کمشنر صاحب سے اسکی فریاد خود کیون نہ کی اُسنے کہا

کہ مین ایک مرتبہ بادشاہ کے وقت مین اپنے دیہات کی نسبت عرضی دینے لکھنؤ گیا تھا ایسا اتفاق ہوا کہ اُن عرضیون کے پیچھے میری جان ہی گئی ہوتی تب سے مین نے عہد کیا کہ پھر کبھی شہر مین نہ جاؤنگا اُن دنون میرے بدن مین خوب طاقت تھی مین بھرے دربار مین بادشاہ کے روبرو بے محابا چلا گیا حسب دستور ہتھیار اپنے باندھے ہوے تھا جو کچھ اس طرف کا دستور ہے تلوار ڈھال توڑہ دار بندوق مجکو ضوابط دربار سے آگہی نہ تھی کہ دربار مین مسلح جانا ممنوع ہے اور توڑہ بھی سُلگا رہنے دیا - بادشاہ کی نظر اُس سُلگتے ہوے توڑے پر پڑی اور یہ چلاتے ہوے دربار سے بھاگ کھڑے ہوے کہ پکڑو مارو یہ شخص مجکو قتل کرنا چاہتا ہے فوراً امیر بیڑیان ڈال دین اور توپ پر اُڑا دینے کو لے چلے چونکہ مین اجنبی تھا کوئی میری معذرت نہین سُنتا تھا اور سب لوگون کو یہ یقین ہو گیا کہ اقدام قتل بادشاہ مین یہ شخص پکڑا گیا - خوش قسمتی سے جب مجکو لوگ لیے جا رہے تھے راہ مین ایک عمدہ دار ملا اور اُسنے اِن لوگون سے کہا ذرا ٹھہرو ہم بھی قیدی کو دیکھ لین - وہ اِس طرف کا رہنے والا تھا اور میرا پُرانا دوست اُسنے مجکو پہچانا اور پکارا کہ کستوری سنگھ و غابازآدمی نہین ہے بلکہ بہت بھلا مانس اور ایماندار زمیندار ہے اس معاملے مین کچھ غلط فہمی ہوئی - تب مین نے اُس سے بیان کیا کہ اس طرح لاعلمی سے مین نے اپنی بندوق کا توڑہ سُلگتا رہنے دیا اور اس بلا مین پھنس گیا کہ قریب تھا میری جان جا ہی چکی ہوتی اُسکو اتنا اختیار تھا کہ حکام سے پوچھنے تک اجراے سزا روک دی اور جب اُسنے وہان حال مفصل بیان کیا تو حکم ہوا کہ اسکو چھوڑ دو - اُسی رات مین لکھنؤ سے چل دیا اور تب سے کبھی نہین گیا اور نہ اپنی مرضی سے کبھی جاؤنگا - ہردیو بخش سے

اور مجھ سے جو گفتگوئین رہا کرتی تھین اُنمین ہردیو بخش نے کہ وہ بہت بڑا دانشمند آدمی ہی مجھ سے کہا کہ آپ یہ سمجھیے کہ سرکاری عملے یعنی عہدہ داران ملکی جو مال کے صیغے مین نوکر تھے اور اودھ مین سرکاری عملداری کے ہوتے ہی کثرت سے بھرتی ہوگئے تھے بلاے روزگار تھے اور خلقت کا دم ان سے ناک مین آگیا تھا لیکن کرسچن صاحب اور بہت سے اور انگریزی افسرون کا ذکر نہایت ستائش و ادب سے کرتا تھا —

اُسنے کہا کہ مجکو کرسچن صاحب کے پاس جانے مین کبھی تامل نہین ہوتا تھا وہ ہمیشہ بھلے مانسون کی طرح میری مدارات اس طرح کرتے تھے جسطرح کہ پیروبن صاحب فتح گڑھ مین مجکو کرسی دیتے اور مہربانی سے میرے ساتھ باتین کرتے لیکن ہندوستانی عملہ جو ملازم گورنمنٹ تھے اُنکے پاس گئے اور جان کے لاگو ہوے —

اٹھارھوین اگست

آج شام کے وقت کھان سنگھ فرخ آباد سے صحیح سلامت روپیہ لیکر لوٹ آیا ٹٹو جو اُسنے اور وزیر سنگھ نے کرایہ کیے تھے کسورہ مین اُنپر اناج لاد آگیا اور گنگا کے گھاٹ پر لیگئے وہان دریا اُتر گئے کھان سنگھ بھی اُسی کشتی مین گیا لیکن اس طور پر کہ کسی پر یہ نہ ظاہر ہو کہ یہ ان ٹٹوون کے ساتھ ہے جب گھاٹ کے پہرے والون نے یہ یقین کر لیا کہ یہ ٹٹو دیہات علاقہ ہردیو بخش کے نہین ہین اُنکو لدے لدائے جانے دیا کھان سنگھ جب اُترنے لگا تو اُسکو پکڑ کر صوبہ دار پاس لے گئے اُسنے اپنی ہنڈویان دکھلائین اور وہی قصہ جو اُسنے پہلے سے سوچ رکھا تھا بیان کیا کہ میرے آقا نے کشتی کے چڑھندارون کی مدد خرچ کو مجھے بھیجا ہے اور چونکہ سپاہیون کو ایماندار سوداگرون کا تکلیف دینا منظور نہین ہے بلکہ اُنکی پرورش پیش نظر

خاطر ہے مجکو یقین کلی ہے کہ آپ لوگ میرے مزاحم یا سد راہ نہونگے صوبہ وار نے
اُسکی بات کو یقین کر لیا اور کہا کہ اچھا تمھارا کام نکل جاے ہم بھی یہ چاہتے ہین
اور اُسکو چھوڑ دیا - ٹٹوون پر جو اناج لدا ہوا تھا بازار مین بیچ ڈالا گیا اور جانور
کو رات کے وقت چپکے سے مہاجن کے گھر پر لیگئے وہان گونون مین روپیہ
بھر کر سی دیا اگلے دن صبح کے وقت ٹٹو والے اپنے ٹٹو بے بازپرس اُتار لاے -
کھان سنگھ یہ سمجھ کر کہ مین اسی گھاٹ اُتر دونگا تو پکڑا جاؤنگا کئی میل اوپر چڑھ کر دریا
اُترا اور اس طرف ٹٹو والون سے پھر آملا اور سب لوگ کسورہ مین صحیح سلامت
پہونچ گئے اور اب میرے پاس اتنا سامان نقد موجود ہو گیا کہ اتنا ہی مجکو مطلوب
بھی تھا اور اب میری احتیاج رفع ہو گئی - یہ سب کچھ مسٹر بیجناتھ کے سیر چشمانہ
سلوک کے طفیل سے ہوا کہ اُنھون نے بے طلب از خود مجکو ایسے وقت مین روپیہ
دیا کہ کسی طرح میری زندگی کی امید نہین تھی اور ادا ہونا تو نہایت غیر متیقن اور
کھان سنگھ اُنکے ملازم کی دلیری اور چالاکی سے گو وہ بیدلی سے تھی روپیہ
پاتے ہی مین نے چاہا کہ سب سے پہلے کچھ تنخواہ وزیر سنگھ کو دے دون کیونکہ
فروری مہینے سے جب کہ اُسنے اپنی پلٹن کو چھوڑا اب تک اُسکو کچھ نہین ملا تھا
لیکن اُسنے کہا کہ مین ایک کوڑی نہین لونگا جب پھر آپ کچہری مین اجلاس
فرمایئے گا تب البتہ مین اپنی تنخواہ لے لونگا اور اُسوقت تک اپنے اندوختہ
مین اپنی اوقات بسری خوب اچھی طرح کر سکتا ہون - غرض کسی طرح
اُسنے روپیہ نہ لیا - چونکہ روپے کو مین اپنے پاس رکھتے ہوے ڈرتا تھا
مین نے کستوری کے حوالہ کر دیا کہ یہ ہماری امانت رکھ چھوڑو -

بیسوین اگست

آج ہر دیو بخش نے ایک قاصد کے ہاتھ ہمارے پاس یہ کہلا بھیجا
کہ دھرم پور میں ایک آدمی آیا ہوا اور پروبن صاحب کو پوچھتا ہی میں نے اسکو
جاسوس سمجھ کر روک رکھا ہی - پروبن صاحب نے کہلا بھیجا کہ آپ اس آدمی کو
ضرور ہمارے پاس بھیجدیجیے - بہت تھوڑی دیر بعد وہ آپہونچا وہ
تو دہلی سے ڈپٹی ہیروبن صاحب کا بھیجا ہوا نکلا اس آدمی کو دہلی چھوڑے
صرف نو دن ہوے تھے اسنے اپنے جوتے کے تلے میں چٹھی کو سی رکھا تھا
تلا کاٹ کر وہ چٹھی نکالی اگرچہ وہ بہت گرد آلود تھی لیکن بالکل صاف
پڑھی جاتی تھی اس چٹھی سے معلوم ہوا کہ دہلی میں کام خاطر خواہ ہو رہا ہی
باغی لوگ متواتر شکستون کے سبب ہمت ہارے جاتے ہین اس قاصد نے
ہمسے یہ کہا کہ سڑک پر میں نے بہت سے سپاہی جاتے دیکھے کہ وہ مال
غنیمت لیے ہوے اپنے گھرون کو لوٹے جاتے تھے ایک شتر سوار
مجھکو ملا تھا مین دیہات میں گذرتا جاتا تھا یہ کہتا جاتا تھا کہ انگریزی فوج
میرے سامنے ماری گئی اور بادشاہ نے مجھکو یہ خوش خبری پہونچانے
کے لیے نواب فرخ آباد کے پاس بھیجا ہی میں نے اس شتر سوار سے
پوچھا کہ کیون جی تم دہلی سے کب چلے تھے جب اسکے کہنے سے
معلوم ہوا کہ مجھسے بھی دو دن پہلے کا چلا ہوا ہی تو مین نے جان لیا کہ
اسکا بیان بالکل غلط ہی اور میں نے اس سے کہا کہ تمکو ایسی جھوٹ بات کے
مشہور کرنے سے کیا حاصل ہی اسنے جواب دیا کہ میں گھر جاتا ہون مال غنیمت بہت

کچھ میرے ساتھ ہی اس غرض سے کہ گانوؤن والے مجکو لوٹین اور روکین نہین
مین ظاہر کرتا ہون کہ مین بادشاہی قاصد ہون — آج شام کے وقت سیتارام
بھی کانپور سے لوٹکر آیا لیکن جب ہمنے یہ دیکھا کہ پروبن صاحب کی چٹھی کے
جواب مین جنرل ہیولاک صاحب کے پاس سے کوئی چٹھی نہین لایا تو ہمکو نہایت رنج
ہوا سیتارام انگریزی کیمپ مین صحیح سلامت پہونچا چند سکھ اسکو پکڑکر جنرل ہیولاک
صاحب کے خیمہ پر لیگئے اسوقت اُسنے چٹھی دی صاحب نے کہا کہ ٹھہرو جواب
ملیگا اگلے دن تمام روز وہ بہ انتظار جواب ٹھہرا رہا لیکن نہین ملا دوسرے
دن لشکر ٹھہور کو روانہ ہوا اور سیتارام بھی ہیولاک صاحب کے نوکرون کے
ساتھ لشکر کے ہمراہ گیا دو پہر کے قریب ایک لڑائی واقع ہوئی اسمین باغیوان نے
شکست کھائی اور بہت آدمی مارے گئے اس تمام سفر کے مین سیتارام
موجود تھا اور بیان کرتا ہی کہ انگریزی توپخانے کی فیر ایسی سخت تھی کہ دشمن کو
ایک لمحہ اُسکے سامنے ٹھہرنا محال تھا اِس لڑائی کے بعد سیتارام نے کوشش کی
کہ جنرل صاحب سے پھر گفتگو کی نوبت آئے لیکن صاحب نہایت عدیم الفرصت
تھے موقع نہ ملا — اگلے دن جنرل ہیولاک صاحب دشمن کے ایک گروہ پر
جو شیوراجپور کے قریب کسی جگہ لوٹکر پھر آگئے تھے حملہ کرنے کو روانہ ہوے
اور اُنکو شکست فاش دی پھر کانپور لوٹ چلنے کا حکم دیا گیا سیتارام ڈرا
کہ اُسکے لوٹ آنے مین جو دیر واقع ہوتی ہی تو ہملوگ نہایت نا امید
ہونگے اور یہ خیال کرکے کہ جنرل صاحب سے جواب حاصل ہونے کی
کچھ امید نہین ہی لوٹ کھڑا ہوا اور سیدھا ہمارے پاس آیا — جو خبرین اُسنے

بیان کیں اچھی اور نہایت مسرت افزا تھیں لیکن ہمنے اُس سے کہا کہ چونکہ تم جنرل صاحب کے پاس سے جواب نہیں لائے ادھورا کام کیا چونکہ ہیولاک صاحب میرے پرانے دوست ہین بہتر معلوم ہوتا ہی کہ مین خود اُنکو چٹھی لکھون اور بتاکید اُنسے جواب طلب کرون سیتارام یہ چٹھی لیکر کل روانہ ہوگا

اکیسوین ۲۱ اگست روز جمعہ

آج بیچارے پروبن صاحب کی چھوٹی لڑکی مرگئی سبب کہ رنج پورہ مین اکا ایف موسمی اور کسی چیز کے نہ ملنے کی دقتین اُٹھائین تبھی سے یہ لڑکی گھلتی جاتی تھی اور جب ہم لوٹ آئے نہایت ناتوان ہو گئی تھی — باوجودیکہ اُسکی مان اُسکی خبرگیری اور تیمارداری بہت کرتی تھین لیکن کوئی فائدہ اُسپر مترتب نہین ہوتا تھا — ان غمناک مصیبتون مین یہ دوسری جان قربان ہوئی معمولات انسانی کے لحاظ سے کہا جاتا ہی کہ اگر یہ لڑکی ایسی تکلیفین نہ اُٹھاتی یا کوئی طبیب معالج ہوتا یا دوائین بہم پہونچتین تو وہ زندہ رہتی جب مین دھرم پور مین آیا تب یہ لڑکی اچھی خاصی تھی اور بہت پیاری لگتی تھی اُسکے گھونگروالے بال نہایت بھلے معلوم ہوتے تھے جب وہ مٹی کا ڈھیر ہو گئی تو ہم فوراً باہر گئے اور اُسکے لیے ایک قبر کھودی آدھی رات کے وقت اُسکی لاش کو ایک چادر مین لپیٹ کر لیگئے اور اُسکے بھائی کے پہلو مین اُسکو بھی دفن کر دیا اُسکے مان باپ کا غم و الم مین کبھی نہ بھولونگا وہ نہایت ملنسار لڑکی تھی روز بروز اُسکا گھلتا جانا اور ایسی حالت مین بیماری کی تکلیفین اُٹھانا کہ کوئی چیز تخفیف و تسکین کے لیے اُسکو نہین ملتی تھی ایک ایسی

مصیبت تھی کہ اُسکا تحمل نہین ہو سکتا تھا خیر مشیت ایزدی یہی تھی۔

بائیسوین ۲۲ اگست روز شنبہ

آج دن ڈھلے ہردیو بخش ہمسے ملنے آئے جب سے ہم اس گانون مین ہین تب سے یہ پہلا اتفاق ہو کہ ہردیو بخش دن کو ہمسے ملنے آے ورنہ ہمیشہ رات گئے ملاقات کو آیا کرتے تھے۔ آج تو انکا حوصلہ بہت بلند معلوم ہوا کیونکہ انکو یہ خبر پہونچ گئی تھی کہ ہیولاک صاحب کانپور فتح کرکے آگے بڑھے اور کانپور مین مدد پر مدد چلی آتی ہو انھون نے بیان کیا کہ اودھ کے تعلقدار یا رئیس لوگ اب تک باغیون سے نہین ملے صرف ایک جسا سنگھ باغی ہوا تھا وہ بھی سُنا جاتا ہو زخم کھاکر مر گیا ہردیو بخش نے کہا کہ صوبہ داران افواج باغیہ دہلی و لکھنو نے تمام تعلقداران اودھ کے نام ایک اشتہار جاری کیا ہو اُسکی ایک نقل میرے پاس بھی پہونچی اُسمین صوبہ دار لوگ نہایت تعجب اور افسوس سے لکھتے ہین کہ اگرچہ فوج پاس مذہب اور رفاہ عام کے لیے بگڑی تھی لیکن زمیندارون نے سپاہ کا مطلق ساتھ نہ دیا اور نہ کسی طرح کی مدد انکو دی پس فوج آپ اپنے مین اتنی طاقت نہین دیکھتی کہ انگریزون سے لڑے اسی لیے ہم صوبہ دارون نے مناسب سمجھا کہ اودھ کے سردارون اور رئیسون اور معزز لوگون کو آگاہ کردین کہ انگریزون نے یہ ارادہ کرلیا ہو کہ فوج کو مارتے ہی اونچی ذات کے سب لوگون اور بھنگیون کو اکٹھا کرین اور سب کو ساتھ کھلائین لہذا ہم صوبہ دار اس امر کو اپنے اوپر فرض سمجھے ہین کہ رئیسون کو اچھی طرح انگریزون کے ارادے سے مطلع کردین اور سب لوگون سے درخواست کرین کہ اپنے دین دھرم کے لیے آپ لوگ فوج کو مدد دیجیے سب کھڑے ہو جاؤ

اور استیصال کفار کرو اور ذات خراب کرنے سے کہ آخر کو ہونا ہی ہے بچو — ہردیو بخش نے
کہا کہ مین بھی جانتا ہون اور آپ کو بھی معلوم ہو کہ یہ باتین سب واہیات اور
مزخرفات ہین لیکن عوام الناس تو اس درجے کے جاہل اور بے وقوف ہین کہ
حرف بحرف اشتہار کے مضمون کو یقین کرتے ہین اور انگریزون سے بالکل بھڑک
گئے ہین پس ظاہر ہو کہ یہ اشتہار آپ لوگون کے حق مین نہایت مضر ہوا میرے اپنے
رشتہ دار اور کاشتکار اس اشتہار کے جاری ہونے کے بعد میرے پاس آنے اور آپ
لوگون کو پناہ دینے کے سبب مجھ سے نہایت ناخوش ہین — نواب فرخ آباد اور وہ دار نے
لوگون کے ان برے خیالات کو اور بھی زیادہ کر رکھا ہے انھون نے ادھر یہ حکم
جاری کر دیا ہے کہ میرے علاقے کا کوئی آدمی گنگا نہ اترنے پاوے اور نمک شکر
یا اور ضرورت کی چیزین جو اب تک فرخ آباد سے منگوائی جاتی تھین اب میرے
علاقے مین نہین آنے پاتین اس ممانعت کے سبب لوگ اس درجے پر برافروختہ
ہو رہے ہین کہ انکی برافروختگی آپ لوگون کے حق مین نہایت مضر ہے اور مین ڈرتا ہون
کہ آپ لوگون کو زیادہ عرصے تک نہین ٹھہرا سکتا علاوہ ان سب باتون کے مین
دیکھتا ہون کہ سیلاب روز بروز کم ہوتا جاتا ہے اور مین ہمیشہ آپ لوگون سے کہا کیا
ہون کہ جس گھڑی پانی سمٹ گیا آپ کی پناہ دہی مین میری طاقت کا بھی خاتمہ
ہو جائیگا — پس بلحاظ ان حالات کے مین مناسب سمجھتا ہون کہ آپ لوگ
دریا کی راہ کانپور بھاگ جانے کے ارادے پر اپنے دلون کو سمجھایئے اور
بلا تضیع وقت روانہ ہو جایئے کیونکہ انگریزی فوج نے جو پچھلے دنون فتحین حاصل کی ہین
انکا خیال لوگون کے دلون مین تازہ ہے اور راہ بہ نسبت سابق کے مامون ہو گئی ہے

کہدیا ہی کہ ایک کشتی آپ لوگون کے لیے مہیا کی جائے اور اُسکے موجود ہوتے ہی مین آپ لوگون کو روانہ کردونگا — ہمنے اُس سے کہا کہ ہم تمھاری راے کے ساتھہ بالکل متفق ہین واقعی بالفعل دریا کی راہ بھاگ جانے کے لیے بہت اچھا موقع ہی لیکن ہم لوگون نے کانپور ایک قاصد روانہ کیا ہی اور وہ جنرل ہیولاک صاحب سے جواب لیکر چند روز مین آنے والا ہی وہ آجائے تو ہم روانہ ہونے کو تیار ہین — ہردیو بخش اس بات سے رضامند ہوا اور ہمسے رخصت ہو گیا

تیئیسوین ۲۳ اگست روز یکشنبہ

چونکہ ہم گنگا کی راہ کانپور بھاگ جانے کا ارادہ کر رہے ہین چند روز سے متواتر مجتمعاً و منفرداً دعا کیا کرتے ہین کہ خدا ہمکو اُس راہ لیجائے جسکا اختیار کرنا ہمارے لیے مفید ہو اور اپنے رحم سے ہمارے لیے باب سفر کھول دے — آج مین اپنی کوٹھری مین گیا تاکہ جو دعائین آج نماز مین پڑھنی ہونگی اُنکو پہلے سے دیکھہ رکھون — جب مین نے عہد عتیق کو کھولا تو مین بہت متعجب ہوا کہ صحیفہ حضرت عزرا کے آٹھوین باب کی ۲۱ و ۲۲ و ۲۳ و ۳۱ — آیتون پر نگاہ جا پڑی اُنکا مضمون خاص کر ہماری حالت سے ایسا مناسب تھا کہ نہایت استعجاب ہوتا تھا مین نے وہی آیتین پروبن صاحب کو سنائین اور اس فال نیک سے اس طرح کی تقویت اور دلیری ہمکو حاصل ہوئی کہ سفر خطرناک اختیار کرنے مین اب ہمکو بہت تھوڑا تردد معلوم ہوتا تھا بلکہ مطلق نہین ———

چوبیسوین ۲۴ اگست روز دوشنبہ

آج گانوٗن مین پھر ایک افواہ بد مشہور ہی اور حرف بحرف ہم تک بھی پہونچی ہی

کہ باغی کانپور کے حوالی مین پھر جمع ہوتے جاتے ہین سرکار نے جو تھانے دوبارہ
بٹھائے تھے باغیون نے پولیس والون پر حملہ کیا اور اُنکو نکال دیا یہ بھی بات
مشہور ہی کہ رانی چندا کنور دلیپ سنگھ کی مان نیپال سے کسی طرح نکل بھاگی
اور پنجاب جاتے ہوے فتح گڑھ مین پہونچی — زبور کی ۱۱۹ سورہ پر برجس صاحب
نے جو ایک علیحدہ کتاب بطور تفسیر لکھی ہی وہ آج دوبارہ مین نے ختم کی با استثناے
عہد عتیق جو دو مہینے سے مجکو مل جاتی ہی صرف یہی ایک کتاب میرے پاس تھی
اور مین بڑا خوش قسمت ہون کہ یہ وسائل تسلی میرے پاس ہین — برجس صاحب نے
۱۱۶- آیت کی تفسیر مین ایمان پر جو مضمون لکھا ہی اُسکے پڑھنے سے آج مجکو
بڑی تسلی ہوئی مین خیال کرتا ہون کہ اُسمین مسائل مذہبی بہت سچے ہین
چنانچہ اُسی کتاب مین لکھا ہی کہ ہماری ترکیب جسمانی کتنی ہی بدل ہو یا ہماری
قوت تخیل کتنی ہی مختلف ہوتی جائے نفس ناطقہ ویسا ہی بنا رہتا ہی جیسا کل
تھا ویسا آج ہی اور ویسا ہی ہمیشہ رہیگا اُسکی خلقت ایسی مکمل ہی کہ نہ تو ہم
اُسمین کچھ بڑھا سکتے اور نہ اُسمین سے کچھ گھٹا سکتے ہین پس جب ہمارے
نفوس ناطقہ جنکو جان کہتے ہین ایسے ابدی و قدیم ہین تو موت سے ڈرنا
صرف ایک وہم ہی جسکی اصل کچھ نہین — شب گذشتہ ہم سونے کو لیٹے تھے
کہ جنرل ہیولاک صاحب کے قاصد کے آنے سے جاگ پڑے ہم اس اشتیاق مین
جھٹ پٹ اُٹھ بیٹھے کہ کچھ خبرین معلوم ہونگی جسکے ہم منتظر تھے لیکن ہم یہ دیکھکر
نہایت مایوس ہوے کہ وہ قاصد جنرل صاحب کے پاس سے ہردیو بخش کے
نام ایک چٹھی اس مضمون کی لایا کہ آپ نے جواب تک صاحبان انگریز کو

پناہ دی ہم آپ کی مردمی اور خیر خواہی سے بہت محظوظ ہین اور جب انگریزی فوج فتح گڑھ
مین پہونچے اگر آپ فوراً انکو صحیح سلامت کمپو تک پہونچا دیجیے گا تو یقین جانیے آپکو
بہت بڑا انعام ملیگا - ہمارے حوصلے اُس قاصد سے یہ خبر سُنکر بہت بلند ہوگئے
کہ کانپور سے پورب کی طرف بالکل امن ہے ڈاکین چلتی ہین اور کلکتے تک تار برقی کے
ذریعے سے مراسلت جاری ہے جیسی کہ قبل غدر تھی اور لکھنؤ اسقدر مامون ہے
کہ اب فوج فتح گڑھ کی طرف کوچ کرنے والی ہے اور لکھنؤ پر تسلط کامل کرنے کے
لیے کوئی جنگ تازہ کرنے کی ضرورت نہین - لیکن قاصد نے نہایت استواری سے
کہا کہ ابھی آپ گنگا کی راہ پورب کی طرف بھاگنے کا ارادہ ہرگز نہ کیجیے گا کنارون پر
باغی پڑے ہین یقیناً آپ کو پکڑ کر مار ڈالینگے جب تک ہیولاک صاحب کی فوج آگے
بڑھے اور فتح گڑھ فتح کرے اُسوقت تک آپ چپ چاپ جہان ہین وہین بیٹھے رہیے -

پچیسوین ۲۵ اگست روز سہ شنبہ

آج نینی تال سے روہنا میرا قاصد آپہونچا اور ہیم صاحب کے پاس سے ایک مسرت نامہ
لایا اسمین اُنھون نے اپنی اور مس گریسی کی خیر و عافیت لکھی تھی چونکہ اس بات کا
اندیشہ تھا کہ مبادا خان بہادر خان کی فوج نینی تال پر حملہ آور ہو بنظر مزید احتیاط
ہیم صاحب اور گریسی اور ہیمون کے ساتھ کوہ المورا پر بھیج دی گئین روہنا
رام زی صاحب کے پاس سے بھی ایک مختصر چٹھی میرے نام لایا صاحب لکھتے ہین
کہ پیلی بھیت کی راہ پہاڑ پہونچنے کا ارادہ ہرگز نہ کیجیے گا کیونکہ تمام ملک مین تہلکہ
پڑا ہوا ہے اور باغی بھرے ہوے ہین پس اس راہ پر مرور بالکل ناممکن ہے - ان چٹھیون
سے حالات عامہ بہت اچھے خاطر خواہ معلوم ہوے دہلی مین مدد آگئی اور امید ہے

کہ اس مہینے کے آخر ہونے تک فتح ہو جاے بیس ہزار آدمی انگلستان سے چلے آرہے ہین ایسا معلوم ہوتا ہی کہ نینی تال اور منصوری اور اور مقامات کے مابین آمد و رفت خطوط کی جاری ہی۔ کیونکہ عزیزان وطن کے حالات ۱۸۔ جون تک کے بیم صاحب کے پاس پہونچے وے لوگ خیر و عافیت سے ہین اور ہماری مصیبت ناک حالت سے بالکل بے خبر۔ شام ہونے کے کچھ دیر بعد ہردیوبخش کا ایک آدمی دھرم پور یہ کہنے آیا کہ ہردیوبخش نے ایک آدمی اس امر کی تحقیق کرنے کے لیے روانہ کیا تھا کہ دیکھو دریا کا کیا حال ہی وہ آج واپس آیا ہی اور بیان کرتا ہی کہ تا کانپور راہ بالکل صاف اور مامون ہی۔ چونکہ اب یہ اچھی طرح متیقن ہی کہ زیادہ دن نہ گزرینگے اور ہم روانہ ہو جائینگے اسی واسطے ہمنے یہ مناسب سمجھا کہ میجر رابرٹسن صاحب اور مسٹر جیرچ صاحب کو بھی اپنے ارادے سے اطلاع دین تاکہ وے لوگ بھی ہمسے آملین۔ پس بروین صاحب نے رابرٹسن صاحب کے نام ایک چٹھی اطلاعی لکھی اور انکو یہ بھی لکھا کہ اس بات کو بالکل مخفی رکھیے گا کیونکہ ہمارا امن اور ہمارے عزم کی کامیابی کلیتہً اسی پر منحصر ہی جنرل ہیولاک صاحب کے قاصد نے پھر بااصرار ہمکو سمجھایا کہ دریا کی راہ عزم روانگی ہرگز نہ کیجیے گا کیونکہ مجکو یقیناً معلوم ہی کہ دریا کے کنارون پر دونون طرف بہت سے مقامات مین دشمنون کی فوج توپین لیے پڑی ہی اور ادھر سے ہوکر آپ ہرگز نہ نکل سکیے گا جو کچھ اس ہرکارے نے ہمسے کہا تھا وزیر سنگھ کے ہاتھ ہمنے ہردیوبخش کو کہلا بھیجا ——

ہردیوبخش نے اُسکا یہ جواب دیا کہ ہان میرے پاس بھی اسی طرح کی خبر آئی ہی اور اسی لیے مین نے پھر قاصد روانہ کیے ہین کہ ٹھیک خبر لائین دریا کا کیسا حال ہی

اور یہان سے کانپور تک کہان کہان باغی پڑے ہین تا واپس آ سنے ان قاصدون
کے آپ لوگون کا جانا ملتوی ہی یہ سب باتین بہت غمگین کرتی ہین ایسا معلوم ہوتا ہی
کہ گویا ہمارے چارون طرف آگ لگ رہی ہی اور کسی صورت سے امید نہین کہ ہم
اس دوزخ مصیبت سے نکل جائین ہمسے صرف اتنا ہی ہو سکتا ہی کہ حضرت
عزیرا کی طرح بہ تضرع و زاری خدا سے دعا مانگین کہ ہمکو اور چھوٹے بچون کو اچھی راہ
دکھا - آج ایک قاصد دہلی سے چٹھی لیکر آیا وہ چٹھی حسب دستور جوتے کے تلے مین
چھپی ہوئی تھی جب ہمنے اُسکو کھولا تو ہم بہت نا امید ہوے کیونکہ وہ ہم مین سے
کسی کے نام نہ تھی بلکہ پول صاحب کی طرف سے جو ہم خیال کرتے ہین کہ نوین
نیزہ بردار رسالے مین ہین جس صاحب نامے کانپور کے ایک عہدہ دار کے
نام کی تھی قاصد کہتا تھا کہ مین دہلی سے ۱۸ - تاریخ کو چلا اُسوقت تک سب کام
درست تھا ۱۲ - تاریخ بیرون شہر سرکاری فوج نے ایک میدان جیتا اور بہت
نقصان نہین ہوا دشمن کی طرف کے البتہ پانسو آدمی مارے گئے ہونگے باغی لوگ
ہر روز باہر نکل کر دھاوا کرتے ہین اور محاصرین پر حملہ کیا کرتے ہین لیکن ایذا کم
پہونچتی ہی اور نقصان بہت نہین ہوتا بمبئی سے مدد آپہونچی ہی اور فیروزپور سے محاصرے کا
توپخانہ بہت جلد آنے والا ہی اور لوگ امید کرتے ہین کہ اُسکے آتے ہی سب کام ختم ہو جائیگا -

ستائیسوین اگست روز چہار شنبہ

آج ارادۂ روانگی کے باب مین کوئی نیا بندوبست نہین ہوا اور ہم بہت گھبرا
رہے ہین کہ آج فرخ آباد سے بہت بھاری توپون کے چلنے کی آواز آئی ہم نہین جانتے کہ
اسکا کیا سبب ہی لیکن ان توپون کے چلنے سے ہمکو یہ یاد آجاتا ہی اور سخت

تکلیف ہوتی ہی کہ ہم ایسی جگہ کے قریب بیٹھے ہین جہان ہمارے خون کے پیاسے
اس کثرت سے جمع ہین — آج کی تلاوت مین بھی آیات زبور نہایت تسلی بخش تہین
اور ہماری حالت کے مناسب مجھکو اس سے سخت استعجاب ہوتا تھا خصوصاً
ایک سو اکیسوین [۱۲۱] آیت ایک برہمن چرچر صاحب کا ملازم جسکو لوگ کہتے ہین کہ وہ
صاحب کا معتمد علیہ ہی آج میجر رابرٹسن صاحب کے پاس سے ایک چٹھی ہمارے
نام لایا انھون نے لکھا ہی کہ اگرچہ مین ایسا ناتوان ہوگیا ہون کہ جب زخم میرے پٹی
باندھنے کے لیے مجھکو جنبش دیتے ہین تو غش ہوآتا ہی لیکن فرض ذمہ سمجھتا ہون
کہ اس موقع کو غنیمت سمجھون جو خدا نے اپنی قدرت سے مہیا کیا ہی اور ان
خوفناک خطرون سے کہ ہر طرف سے ہمکو دبا رہے ہین بھاگ جانے مین کوشش
کرون اگرچہ مین خیال کرتا ہون کہ احتمال فرار بہت ضعیف ہی اور ایسا ارادہ
بھی خطرناک لیکن مین تیار ہون جب مجھکو خبر پہونچیگی کہ فلان وقت روانگی کے
لیے مقرر ہوا آپ لوگون سے کشتی مین آملونگا — برہمن نے اپنے مقدور بھر مجھکو
سمجھایا کہ آپ اس ارادے سے دست کش ہوجیے کیونکہ یقیناً اسکا انجام
ہلاکت ہی مگر آنکہ ہردیو بخش کم سے کم چار سو آدمی توڑہ دار بندوقین لیے ہوے
متفرق کشتیون پر سوار کرکے آپ کے ساتھ روانہ کرے اُسنے کہا کہ چرچر صاحب
تو یقیناً اس خطرے مین اپنے تئین نہ ڈالینگے بلکہ وے ترجیح دیتے ہین کہ جہان
ہین وہین اہیرون کے پاس چھپے رہین ہمنے اُس قاصد کو رخصت کردیا اور کہا کہ
اپنے آقا سے یہ کہدینا کہ ہمنے تو بالکل ارادہ مصمم کرلیا ہی کشتی کے مہیا ہوتے ہی روانہ ہونگے

۲۹ - اگست یوم جمعہ

پچھلی رات جب تھوڑی رات رہی ہم سب لیٹے ہوے تھے لیکن جاگ رہے تھے اور اسی اُداسی کی حالت مین پڑے تھے یکایک ہولنس صاحب نے کہ بڑے خوش آواز ہین اس مضمون کا گیت گانا شروع کیا - شام غربت مین مجھے صبح وطن یاد آئی - تمام عمر کبھی مجھ پر ایسا اثر نہین ہوا جیسا کہ اس گیت کے سُننے سے ہم سب کے سب اس گیت کو سُنکر حالت وجد مین تھے - تھوڑی دیر بعد سیتارام آیا اور جنرل ہیولاک صاحب کے پاس سے ایک چٹھی ہمارے نام اور دوسری ہردیو بخش کے نام لایا دونون پر کے قلم مین بند تھین اور نہایت مختصر - جنرل صاحب نے ہمکو بتاکید لکھا کہ آپ لوگ جہان ہین وہین بنے رہیے اور انتظار موقع کیجیے کیونکہ باغی تمام سڑکون مین بھرے ہوے ہین اور مرور نہایت خطرناک بلکہ ناممکن ہے - ہم سب کے سب پڑھکر سُست ہوگئے اور باخود مشورہ کیا کہ آیا جنرل صاحب کی صلاح پر عمل کرین اور جہان ہین وہین بنے رہین یا خطر سفر دریا اختیار کرین - بعد چنین وچنان یہ تدبیر قرار پائی اور یہ اُس قسم کی تھی کہ المرء اذا ابتلی ببلیتین فیختار اہونہما یعنی یہان زیادہ عرصے تک رہنا قریب قریب ہلاکت تیقن ہے اور روانہ ہونا اگرچہ بدرجہ غایت خطرناک ہے لیکن تاہم ایک احتمال بھاگ جانے اور بچ نکلنے کا بھی ہے - پس ہم تینون متفق الراے ہوگئے کہ دریا کی راہ جانا چاہیے اتنا وقت باقی نہ تھا کہ تامل مین ضائع کیا جاے کیونکہ سیتارام نے بیان کیا کہ باغی پھر جمع ہوتے جاتے ہین لیکن اسوقت تک دریا کے کنارون پر نہ کوئی توپ ہے نہ فوج - ہم سب کو یہ بہتر معلوم ہوا کہ پروبن صاحب اسی وقت ہردیو بخش کے پاس جائین اور جنرل ہیولاک صاحب کی چٹھی اُسکو دین اور یہ کہین کہ جسوقت آپ کی خوشی ہو ہم روانہ ہونے کو تیار رہین -

پروبن صاحب گئے اور دو گھنٹے کے بعد واپس آے اور کہا کہ ہردیو بخش نے مصمم ارادہ کرلیا ہی کہ کل کشتی مین ہمکو روانہ کرے - اے خدا اپنے رحم بیحد سے ہمارے ساتھ ہو اور ہماری نگہداشت کر ادر اُس امن مین جسکی ہم تمنا کررہے ہین پہونچا - ہمنے رابرٹسن صاحب اور چرچ صاحب کے پاس ایک آدمی بھیجا کہ اُنکو بھی اس بندوبست سے اطلاع دے اور چونکہ رابرٹسن صاحب کشتی تک پیادہ پا نہین پہونچ سکینگے اُنکے لانے کے لیے کہار روانہ کیے -

تینتسوین اگست روز یکشنبہ

آج مین بہت سویرے جاگا اور سب کو اُٹھایا چونکہ اسوقت پانی برس رہا تھا باوجود صبح ہوجانے کے بھی تاریکی تھی اور یہ وقت ہمارے مطلب کے لیے بہت مناسب تھا ہم سب کے سب اُس چھوٹے سے چھپر مین جمع ہوے اور بہ تضرع دعا کی کہ اے خدا ہمارے ارادے مین برکت دے اور اسکا شکر ادا کیا کہ اُسنے بہت سے رحم ہمپر کیے اور اب تک اس جگہ مین ہمکو بچایا اور یہان ہماری یہ آخری نماز تھی صبح کے سات بجے ہردیو بخش خود آے کہ ہمکو کشتی پر لے چلین ٹھاکر لوگ اور گانون کے اور نگہبان آدمی جو ہمارے پاس آتے جاتے تھے اور ہمارے پاس بیٹھا کرتے تھے اور پچھلے دنون مین کہ مشکل سے کاٹے کٹتے تھے ہمکو خبرین لادیا کرتے تھے کشتی تک ہمارے ساتھ گئے دھرم پور کے محاذی رام گنگا مین کشتی بندھی کھڑی تھی اور سب سامان تیار تھا ہمارے گروہ مین گیارہ آدمی بطور محافظ توڑہ دار بندوقین باندھے ہوے تھے - آٹھ ملاح اور سب کے حاکم ہردیو بخش کے سالے ٹھاکر بریتھی پال - سیتارام بھی ہمارے ساتھ ہوا کیونکہ وہ جانتا تھا کہ ہماری فوج کانپور مین فلان جگہ ٹھہری ہی اور راہ

دکھانے کے کام کا تھا رہنا بھی ساتھ ہوا کہ جب ہم کانپور خیریت سے پہونچ جائیں تو ایک
چٹھی ہردیو بخش کے نام لیکر فوراً الوٹ آے اور ایک چٹھی میری میم صاحب کے
نام نینی تال پہونچادے کسورہ کے ٹھاکرون مین سے ایک شخص پورن نامے
بھی ہمارے ساتھ گیا دو گھنٹے سے زیادہ ہم کشتی مین رابرٹسن صاحب اور چرچ صاحب
کا انتظار کرتے رہے اور چونکہ ہمارا بچاو بالخصوص اسی پر منحصر تھا کہ جلد روانہ
ہون اور کسی کو اطلاع نہو اس عرصۂ انتظار مین ہمکو اپنی جانون کا سخت اندیشہ
تھا اگر فرخ آباد مین نواب یا صوبہ وارون کو یہ خبر پہونچ جاتی کہ ہمنے بھاگ جانے کا
منصوبہ کیا ہی تو کیا دشوار تھا وے لوگ چند سپاہی گنگا کی راہ روانہ کردیتے
یہ لوگ اُس جگہ جہان رام گنگا دریاے گنگ مین آملی ہو آکر ہماری کمین مین
بیٹھتے اور پہونچتے ہی ہمکو پکڑ لیتے کیونکہ یہ لوگ اُس جگہ پر فرخ آباد سے دو گھنٹے سے بھی
کم مین پہونچ سکتے تھے اور چونکہ رام گنگا بہت کج و خم کھاکر بہتی ہی ہمکو دن بھر گذرجاتا
تب کہین پہونچتے لیکن بڑی خوشی کی بات ہی کہ ہردیو بخش نے پیش بندی کر کے
ایکرات پہلے اپنے علاقے مین دونون دریاؤن کے گھاٹون پر سب کشتیان
پکڑلی تھین اور اسطور پر فرخ آباد کی آمد و رفت کی سب راہین بند کردی تھین
مگر گنگا کا اُتارا تا بہ دیر بند رہنے سے لوگ خود بخود جان جائینگے اور ہر ایک کو شک
پیدا ہوگا کہ گھاٹ کیون بند کیا گیا ہی ہردیو بخش ہمارے بچاو کی نظر سے یہ صلاح
دیتے ہین کہ آپ لوگ بلا تضیع وقت فوراً کشتی مین بیٹھکر روانہ ہوجایئے اسوقت
ہم بہت تردد کی حالت مین تھے نہ تو اسکی برداشت ہوسکتی تھی کہ ہمارے اپنے
ہم وطنون کو پیچھے چھوڑ جائین اور اگر ہم کچھ بھی زیادہ دیر کرتے ہین تو شاید

ہماری جانین تلف ہون اور اُنکو بھی کچھ فائدہ نہ پہونچے - آخر کار جب تلخی انتظار
حد سے گذری تب میجر رابرٹسن صاحب اور رچرچر صاحب کے پاس سے ایک
قاصد آیا اور کہا کہ رابرٹسن صاحب اور رچرچر صاحب اس خطرمین اپنے
تئین ڈالنا نہین چاہتے - بیشک چرچر صاحب کے اُسی ملازم برہمن نے
ان لوگون کو بھی منع کیا ہوگا جو کہ ہمکو اس سفر سے ڈرانے کے لیے بہت سے
دلائل بیان کرتا تھا پس اب کوئی چیز مانع روانگی نہ رہی اور ہماری اٹکل مین
گیارہ بجے ہونگے کہ ہم روانہ ہوے بسم اللہ مجریہا و مرسٰہا ہردیو بخش بھی چند
میل تک دریا کے کنارے کنارے سوار ہوے ہمارے ساتھ چلے آے اور پھر
ہمسے رخصت ہوگئے اور ہمکو ہدایت کر گئے کہ خبردار کشتی کے اندر اُسی جگہ
بیٹھے رہنا جو ٹٹی ہوئی ہی اور کسی طرح اپنے تئین ظاہر مت کرنا کیونکہ اگر ایسا کیجیے گا
تو لوگ جان جائینگے اور اُسکا انجام اچھا نہوگا اُسنے بیان کیا کہ ملاحون کی طرف سے
اطمینان کرنے کے لیے مین نے اُنکی بی بی بچون کو پکڑ رکھا ہی اور اُنکو اُسوقت
چھوڑونگا جب یہ خبر آجائیگی کہ آپ لوگ کانپور مین صحیح سلامت داخل ہوگئے
بندوقچی بھی میرے اپنے نزدیک کے رشتہ دار ہین اور اُنپر اعتماد کامل ہی -
لیکن مین ملاحون کی بہ نسبت جنکی وفاداری کے لیے ضمانت مکتفی لیگئی تھی
ان بندوقچیون پر زیادہ شک رکھتا تھا کیونکہ مین یقین کرتا تھا کہ ذرا خوف کی
بات ہوتے ہی یہ لوگ دریا مین کود پڑینگے اور اُسمین مچھلی کی طرح تیر کر نکل جائینگے
براے نام یہ کہا گیا تھا کہ کشتی مین ہردیو بخش کی کنبے کی قرابت دار عورتین
دھنا سنگھ تعلقدار کے ایک گانون تروا لیلیا کو جو دریاے گنگ کے کنارے

سمت اودھ پر سب سے الگ تھلگ بستا ہی اپنے عزیزون سے ملنے جاتی
ہین یہ دھنا سنگھ ہردیو بخش کا بڑا دوست تھا اور تا کانپور دریا کے دونون
طرف اسکا بڑا رعب داب بیٹھا ہوا تھا اگر وہ سمجھیگا کہ راہ مامون ہی تو وہ بھی
کانپور تک ہمارے ساتھ چلیگا ورنہ وہ ہمکو اپنے پاس ٹھہراکر پناہ دیگا تاوقتیکہ
ہماری نسبت اور کچھ تجویز مناسب کی جاے اول راہ مین پچیس ۲۵ میل تک ہمکو کچھ
خطرہ پیش نہین آیا کیونکہ ہردیو بخش کا دباو ہماری حفاظت کو کافی تھا پھر تیس ۳۰ میل تک
یعنی وہان تک جہان کہ رام گنگا گنگا مین ملتی ہی بڑا خوف تھا لیکن جابجا کنارے
پر ہمکو قاصد ملتے جاتے تھے اور خبر دیتے جاتے تھے کہ آگے گذر یا ممکن ہی
یا نہین — ایک جگہ کشتی ٹوٹ جانے کا بڑا خوف ہوا ملاحون نے ایک نئی
راہ لی اور ایک بڑی تیز دھار مین جا پڑے جو بے ڈھنگی طرح شاید چار فٹ
اونچے سے گرتی تھی دھار بڑی تیزی سے بہتی تھی لیکن چونکہ پانی کم تھا کشتی
بیچ مین پہونچکر زمین پر ٹھہر گئی اور دس ۱۰ منٹ تک اٹکی رہی — ہم مبادرت
نہین کرسکتے تھے کہ باہر نکلین اور چپ چاپ بیٹھے رہنا سخت مشکل تھا ایک تو
چھوٹی سی جگہ اور وہ بھی بند اسمین ہم سب بھیچے ہوے بیٹھے تھے دوسرے کشتی
ایسی جھکی ہوئی تھی کہ گویا اُتار چڑھاو پر ہی پانی غل شور کرتا ہوا اور اُبلتا ہوا
ہمارے آس پاس بہہ رہا تھا آخرکار ملاحون نے ایسی تدبیر کی کہ کشتی کو نکال
لیگئے اور وہ بہاو پر چلی یہان تک کہ رام گنگا کا دہانہ جب دو یا تین میل رہا
وہان پہونچے امسال دریا نے اپنا میل اتنا بدل دیا ہی کہ بہت سے چکرون مین
ہمنے دیکھا کہ ہم ٹھیک موضع قاسم پور کے مقابل ہین جو گنگا کے داہنے کنارے

بستا ہی اور شاید دریا کے چار میل اور اوپر بڑھ کر ہی۔ یہ گانون بڑا بدمعاش ہی ہمکو معلوم ہی کہ اس گانون کے باشندے سفروران فتح گڑھ کو قتل کرنے اور انکی کشتیون کو لوٹنے مین اصل بانی فساد تھے وہ ہولناک حادثہ اسی گانون کے متصل واقع ہوا اسی لیے ہم ایسے تردد کی حالت مین کہ سانس اندر کی اندر اور باہر کی باہر رہ گئی تھی اس گانون کو دیکھ رہے تھے۔ یہ گانون ایسے بلند کنارے پر واقع ہی کہ ہمکو دھار کے بہاو پر آنے اور چکر دن مین گھومتے ہوے لوگ بالضرور دیکھ لیتے اور ہم ڈر رہے تھے کہ خلاف معمول کشتی کا نظر پڑنا بالضرور لوگون کو متوجہ کریگا اور لوگ کشتیون مین بیٹھ بیٹھ ہمکو آپکڑینگے جسوقت ہم گنگا مین پڑلیے آفتاب قریب الغروب تھا اس مقام پر دریا کا پاٹ ایک میل کے قریب چوڑا ہی اور صرف پاو میل قاسم پور سے نیچے ہٹا ہوا۔ ہم ایسے تردد سے اس گانون کو دیکھتے رہے کہ جس سے ایک نوع کا صدمہ روح پر ہوتا تھا لیکن وہ گانون ایک شہر خموشان کی طرح تھا کوئی شخص ہمکو ادھر ادھر چلتے پھرتے نہین دکھائی دیا اور جب ہم دیکھتے تھے کہ ہم ایسی بیخبری کی حالت مین اس گانون کے پاس سے نکلے جاتے ہین تو ہم تہ دل سے خدا کا شکر کرتے تھے لیکن ہمنے اپنے تئین محفوظ خیال کرنے مین اسوقت تک دلیری نہین کی جب تک کہ وہ مقام نکروہ نگاہ سے بہت دور نہین ہوگیا۔ ہنوز گنگا طغیانی پر تھی اور ہم نہایت تیزی کے ساتھ بہاو پر چلے جاتے تھے اور حتی الامکان بیچ دھار کو پکڑے ہوے تھے ایک جگہ جہان کہ دریا نہایت تنگ تھا ہمنے دیکھا کہ بڑے گانون کے متصل ایک گھاٹ ہی کنارے پر بہت سی کشتیان

کھڑی ہین اور لوگ اترنے کو جمع ہین سواے گھاٹون کی کشتیون کے کہ
یہان اور اور گھاٹون پر موجود پائین اور کوئی چیز گنگا مین نہین بہتی تھی
یا تو کبھی یہ حال تھا کہ پچاس برس تک اُس دریا مین رات دن برابر بیڑے
بے روک ٹوک آتے جاتے تھے یا اب یہ صورت ہے کہ سواے اُس ایک کشتی کے
جسمین انگریز سوار ہوکر فتح گڑھ سے بھاگے تھے اور جسکا حال اسوقت تک مطلقاً
معلوم نہین تب سے ایک کشتی بھی دریا مین نہین دیکھی گئی لوگون نے خلاف
عادت جو یہ دیکھا کہ ایک کشتی بہتی ہوئی دھار کے بہاو پر تیزی سے چلی آتی ہے
اور مسلح آدمیون کا ایک گروہ اُسپر سوار ہے تو سب نے بغور کشتی کو تاڑنا شروع
کیا ہمکو تو مطلق امید نہ تھی کہ ہم اس گھاٹ سے بخیر و عافیت گذر جائینگے جب ہم
قریب پہونچے ہمارے بندوقچیون نے اپنے کارتوس اور سینگڑے سب
تیار کر لیے کہ شاید ضرورت پڑے جیسا کہ ہم سمجھتے تھے وہی واقع ہوا یعنی
لوگون نے آمادۂ جنگ ہوکر ہمسے پوچھا کہ کون ہے ٹھہر جاو اور کنارے پر اتر آو۔
ٹھاکر نے جواب دیا کہ مین اپنی مستورات کو نرول پلیا لیے جاتا ہون ٹھہر نہین سکتا
تب ایک شخص بولا کہ تمھاری کشتی مین انگریز ہین ابھی کنارے پر آجاو ٹھاکر
پرتھی پال نے فوراً جواب دیا کہ ہم تو آرزو کرتے ہین کہ انگریز ہماری ناو مین
ہوتے ہم جھٹ پٹ انکا کام تمام کرکے انکا مال و اسباب لیتے لوگون نے
پھر پکارا کہ ٹھہرو اور کنارے پر اتر آو لیکن چونکہ دھار بڑی زور مین بہ رہی تھی
اتنی دیر مین ہماری کشتی بہکر دور نکل گئی اب دریا کا پاٹ پھر زیادہ آگیا اور
ہم بیچ دھار پڑ لیے ایک تو ہم مین اور کنارے والے لوگون مین فصل ہوگیا

اور دوسرے اُنھون نے دیکھا کہ بندوقچی اغنی بندوقین لیے تیار ہین وے لوگ بھی ڈر کر رہ گئے اور ہمارا تعاقب نہ کر سکے اِسکے بعد ہم بے روک ٹوک چلے گئے حتی کہ تاریکی شب زیادہ ہوئی کشتی ٹھہرادی اور ایک نہایت ویران جگہ ہین کہ سب سے الگ تھلگ تھی اُتر پڑے یہان بڑی بڑی گھاس کھڑی ہوئی تھی اُسی کی اوٹ مین کشتی کا لنگر ڈال دیا - اور چونکہ دریا کا پانی کنارون پر ٹکراتا تھا اُسکے صدمے سے کشتی آدھی خشکی مین سرک گئی لوگ کہتے ہین کہ یہ جگہ تروا پلیا والے دھنا سنگھ کی گڑھی سے صرف ڈیڑھ میل کے فاصلے پر ہے جو لوگ ہمارے ساتھ کشتی پر سوار تھے اور ہمارے محافظ جھٹ پٹ کشتی سے اُتر کنارے گئے اور کھانا پکانے لگے دھنا سنگھ کو اپنے آنے کی اطلاع دینی ہمپر لازم تھی کیونکہ وہ یہان سے ہمارے ساتھ جانے کو تھے اور اُنکو ساتھ لیے بغیر آگے بڑھنے کا قصد کرنا لاحاصل محض تھا - اور ہمارے ساتھ کے لوگون مین سے صرف ایک ملاح دھنا سنگھ کی گڑھی کا رستہ جانتا تھا جس جنگل کے پہلو مین ہم شب باش تھے اُسکے اُدھر جھیل مین گڑھی واقع ہے سو اُس ملاح نے بھی عذر کیا کہ راہ مین بہت عمیق ایک جھیل واقع ہوئی ہے مین تو رات کے وقت اکیلا نہین جاؤنگا - ہمنے اپنے محافظون اور ملاحون سے کہا کہ چند آدمی اسکے ساتھ جاؤ کوئی رسوئی چھوڑ کر جانے پر رضامند نہوا آخرکار ٹھاکر نے ایک ملاح کو پکڑ کر خوب پیٹا اور دھمکا کر کہا کہ چل ہم چلتے ہین ہمارے ساتھ چل - الغرض وے لوگ ایک چھوٹی سی بتیا کو ہو لیے اور لنبی لنبی گھاس مین بہت جلد نظر سے غائب ہو گئے - مین اور مسٹر بروبن صاحب

کشتی سے اُترے اور کنارے پر ٹہلنے لگے اور سخت تردد مین یہ گفتگو کرتے جاتے
تھے کہ ایسا نہو یہ لوگ ہمکو چھوڑ کر چل دیے ہون یا بالفرض اگر گڑھی مین یہ پہنچے
بھی تو کیا معلوم ہے کہ دھنا سنگھ ہماری بات پر التفات کرے یا نہ کرے۔
وہ میدان وسیع نہایت وحشت ناک جگہ تھی مین نے عمر بھر کبھی ایسا موقع نہین
دیکھا تھا ملاح اور جو لوگ ہمارے ساتھ ہماری محافظت کو آئے تھے یہ لوگ بھی مخوف
معلوم ہوتے تھے اور چپ چاپ بیٹھے ہوئے رسوئیان پکا رہے تھے کہین سے
کوئی آواز نہین سُن پڑتی تھی مگر گڑھون مین بیشمار مینڈک ٹر ٹر کر رہے تھے
یا مچھلیان کھڑبڑا رہی تھین دو گھنٹے کے قریب اسی حالت مین گذر گئے نہ تو ہمارے
قاصد نظر پڑے اور نہ کوئی اور جاندار ہمارے پاس آیا آخر کو ہردیو صاحب نے
یہ تجویز کی کہ باوجود جملہ خطرات کے ہمکو آگے چلنا بہتر ہے رات تمام ہوئی جاتی ہے
اور ابھی وہ مقام جہان دریا زیادہ خطرناک ہے آگے آتا ہے پس ضرور ہے کہ پردۂ تاریکی مین
اُس سے نکل جائین یہ جگہ جس درجے کی ویران ہے ظاہر ہے رات بھر یہان پڑے رہنا
مصلحت نہین تھوڑی رات رہنے سے چرواہے اپنے مویشیون کو چرانے آوینگے
اور دن نکلتے ہی بیشک ہمکو دیکھ پاوینگے اور اغلباً گانون والون کو جا خبر دینگے
اور وے آکر ہمارا کام تمام کر ڈالینگے۔ میری راے بالکل اسکے برخلاف
تھی مین کہتا تھا کہ دھنا سنگھ کو ساتھ لیے بدون روانہ ہونا نہ چاہیے۔
یہ بھی ہردیو بخش کے انتظام کا ایک جز ہے کہ دھنا سنگھ ہمارے ساتھ رہے
پس اگر ایسے ضروری موقع مین ہم ذرا بھی اُسکے انتظام سے عدول کرینگے
تو جتنے لوگ ہمارے ساتھ کشتی مین سوار ہین پھر اپنے تئین ہماری محافظت کا

ذمہ وار نہ سمجھینگے اور کیا عجب ہی کہ چھوڑ کر چل دین — پروبن صاحب راضی ہوے
کہ اچھا آدھ گھنٹے اور ٹھہرو — یہ قیام نہایت تردد اور تذبذب کی حالت مین
تھا مین ادھر اُدھر ٹہل رہا تھا اور قریب الیاس تھا کہ اتنے مین آتے ہوئے
آدمیون کی آوازین آنے لگین اور فورًا دھنا سنگھ مع ہمارے قاصدون اور
چند ساتھیون کے آپہونچے وہ ایک بڈھا آدمی تھا سر کے بال بالکل سفید تھے
لیکن باوجود معمر ہونے کے بھی بہت گرمے دم اور ہٹا کٹا تھا اُسکی وضع سادہ اور
خود دارانہ سے مین نے فورًا یہ جانا کہ یہ شخص اس قسم کے کام کے لیے نہایت مناسب ہی
اُسنے آتے ہی کہا کہ بس جلد چلیے اور افسوس ہی کہ اتنا وقت گذر گیا بہت بہتر ہوتا
اگر ہم شیوراج پور سے صبح ہوتے ہوتے نکل جاتے دھنا سنگھ نے صرف ایک
بات ہمارے شک کی کی یعنی یہ کہ وہ چاہتا تھا کہ ہماری کشتی مین نہ بیٹھے اور
ہمارے ساتھ چلے — مین نے اُس سے کہا کہ ہماری آرزو یہ ہی کہ آپ ہماری
کشتی مین آبیٹھے — وہ آیا تو سہی لیکن تھوڑی دیر پس و پیش کر کے ہماری اُنگلیزی
دس بجے ہونگے کہ ہم روانہ ہوے اور بڑی تیزی کے ساتھ دریا کی دھار
بہنے لگی اور حتی المقدور وسط دھار کو پکڑے ہوے تھے — دونون کنارون
پر سے متواتر لوگ للکارتے تھے اور کہتے تھے کہ ٹھہرو اور کنارے پر اُتر آؤ لیکن جسوقت
ہم چلنے لگے دھنا سنگھ نے اپنے دو آدمیون کو جنھین وہ اپنے ساتھ چڑھا
لایا تھا سمجھا دیا تھا کہ جو کوئی روکے ٹوکے اُسکو جواب دے دینا کہ کشتی
ترواپلیا والے دھنا سنگھ کی ہی وے اپنے گھر کے لوگون کو کانپور کے
پاس ایک مشہور گھاٹ پر اشنان کرانے کے لیے جاتے ہین اگر یہ جواب شنکر

وے لوگ بس نہ کرین تو پھر تم یہ کہدینا کہ خود دھنا سنگھ بھی کشتی مین سوار ہین اور اگر
یہ بھی کفایت نہ کرے تو مین خود باہر آکر روکنے والون کو جواب دے لونگا اکثر جگہ
اسکو ایسا ہی کرنا پڑتا تھا کیونکہ آدمیون کی بات کو لوگ یقین نہین کرتے تھے
اور دوبارہ بتاکید تمام کہتے تھے کہ ٹھہرو اور کنارے پر نکل آؤ۔ لیکن دھنا سنگھ کی
طاقت ور اور ایک خاص طرح کی سخت آواز سے کبھی ایسا نہین ہوا کہ پوچھنے
والے اسکو سنکر چپ نہو گئے ہون یہ لوگ یا تو دھنا سنگھ کی بات سنتے ہی
چپ ہوجاتے تھے یا کہتے تھے چلے جاؤ چلے جاؤ لیکن ایک گانون مین ہمکو
بڑا اندیشہ پیش آیا چند لوگون نے للکارا یہ لوگ دھنا سنگھ کے بڑے دوست تھے
دھنا سنگھ کا حال سنکر بہت خوش ہوے اور کہا کہ کشتی کنارے پر لے آئیے
اور ہمکو بھی چڑھا لیجیے اس مشکل کے وقت مین دھنا سنگھ نے بڑی مستعدی
اور درستی حواس ظاہر کی اُسنے اُنکی خیر مقدم کا جواب ظاہرا بہت دلی محبت سے
دیا اور ملاحون سے کہا کہ ٹھہرو اب کشتی مت کھیو اور اُن لوگون سے مختلف
شخصون اور مقامون کا حال پوچھتا رہا اسطور پر اسنے اُن لوگون کو باتون مین
لگا لیا یہان تک کہ ہم اُس گانون سے دور نکل گئے تب اُسنے کہا کہ
مین اسوقت تو نہین ٹھہر سکتا کیونکہ مین چاہتا ہون کہ میرے گھر کے لوگ
صبح سے پہلے گھاٹ پر پہونچ کر گنگا اشنان کرلین لیکن لوٹتے ہوے دو یا تین
دن مین گانون مین ضرور ٹھہرونگا یہ کہکر اُسنے آدمیون سے کہا کہ جسقدر جلدی
ممکن ہو چلو۔ لوگون نے ایسا ہی کیا اور چونکہ دریا اس زور سے بہ رہا تھا
جیسے شتر گلو مین پانی بہا کرتا ہے ہم اسقدر جلد نکل گئے کہ اگر کوئی ارادہ بھی کرتا

کہ گانون سے کشتی مین بیٹھ کر ہمارا تعاقب کرے تو بالکل بیفائدہ ہوتا آدھی
رات پر ایک بجے کے قریب مہدی گھاٹ کے پاس پہونچے — یہ گھاٹ اودھ
اور اُن شہرون مین جو دریا سے فتح گڑھ کی سمت واقع ہین بڑا مشہور گھاٹ ہے
اور باغی اور بلوائی یہان بہت جمع تھے دھنا سنگھ بہت متردد معلوم ہوتا تھا
کہ کسی طرح یہان سے بخیریت گذر جائین کیونکہ بڑا اندیشہ تھا کہ کوئی دیکھ لیگا —
خدا کی قدرت کاملہ سے جب وہ جگہ ہمسے ایک میل ہی تو بادلون کا ایک بہت غلیظ اور
سیاہ ٹکڑا چاند پر چھا گیا اور اُسکے سبب سے تاریکی زیادہ ہوگئی ملاحون سے کہہ
دیا گیا تھا کہ اپنی ڈانڈ نائو مین رکھ لو اور سب لوگ چپ چاپ بیٹھے رہین اسطرح
ہم دھارے پر بڑے زور سے بہے اور اسقدر چپ تھے جیسے قبر مین مردے — بسبب
تاریکی اور بالکل سناٹے کے ہم ایسے خطرناک مقام سے صاف نکل گئے نہ کسی کو ہماری
خبر ہوئی نہ کسی نے روکا ٹوکا اسکے ایک گھنٹے بعد دو مرتبہ ہماری کشتی ریتی مین اٹکی
پہلی مرتبہ تو کشتی کے ہٹانے مین بہت دقت نہین واقع ہوئی تھی لیکن دوسری
بار بہت زور سے اٹک گئی تھی اور قریب تھا کہ پلٹ پڑے — لیکن جلد اُسکو
کسی قدر سیدھا کیا تاہم ایک گھنٹے سے زیادہ کنارے پر اٹکی رہی اسوقت مین
تو سمجھا کہ بس اب یقیناً ہمارا کام تمام ہوا کیونکہ ہم کشتی کو ہٹا نہین سکتے جتنے
لوگ ہماری کشتی پر سوار ہین چھوڑ کر چل دینگے اور گانون والون کے ہاتھون مین
ہمکو پھینک جائینگے یہ ممکن نہین کہ ان لوگون کو خبر ہو دن نکلتے ہی یہ لوگ
ہم پر چڑھ آئینگے — ہماری منت سماجت سے سب لوگ جو ہمارے ساتھ
حفاظت کے لیے آئے تھے اور سب ملاح پانی مین اتر پڑے اور اسطرح کشتی

ہلکی ہوئی آخرکار بڑی مشکل سے اُسکو سہا پایا - اتفاق بد سے ہمکو یہان بہت
دیر لگی - جب ہم اُس گانون کے پاس پہونچے جہان لوگ کہتے تھے کہ دشمنون کا
ایک گروہ توپین لیے پڑا ہوا ہی اور اپنے حساب سے ہمکو امید تھی کہ رات
رات مین ہم اُس سے نکل جائینگے تو دن نکل آیا تھا - الغرض جب ہم اُس
مقام پر آگئے دھنا سنگھہ اور ہم خود نہایت تردد تھے لیکن ہماری مخلصی بھی
خوب ہوئی اور ہمنے تہ دل سے خدا کا شکر ادا کیا کہ جب ہم دریا کے ایک چکر مین
گھوم رہے تھے تو ہمنے دیکھا کہ گانون مین سناٹا ہی اور لوگ بھاگ گیے ہوے ہین
اگر یہان دشمن موجود ہوتے تو ہم بالضرور اُنکے ہاتھون مین جا پڑتے کیونکہ
فرار تو ناممکن تھا اب دھنا سنگھہ نے ہمسے کہا کہ اگر ہم صرف ٹھٹھور تک پہونچنے
مین کامیاب ہو گئے جو یہان سے دس میل آگے بڑھ کر ہی اور مین جانتا ہون
کہ وہان سرکاری فوج ہی تو ہم امن مین پہونچ جائینگے لیکن وہان پہونچنے تک
چونکہ روز روشن ہو گیا ہی روکے جانے کا بڑا خوف ہی چند میل تو ہم بے اٹکاؤ
بڑھے چلے گئے یکایک موج کے صدمے سے ہماری کشتی داہنے کنارے کی طرف
ہو گئی پہلے تو ایک گھماؤ ملا اور پھر دفعۃً دیکھا کہ لوگون کا ایک بڑا گروہ ہی کچھ
نہاتے ہین اور کچھ کنارے پر بیٹھے ہین - لوگون نے للکارا اور دھنا سنگھہ نے
وہی معمولی جواب دیا اُن لوگون کو یہ تو بالکل معلوم نہین تھا کہ اس کشتی مین
صاحب لوگ ہین اُنھون نے دل سوزی کے سبب دھنا سنگھہ کو جتا دیا کہ اور آگے
مت بڑھو نہین تو گورے لوگون کے ہاتھون مین جا پڑو گے اُنکی فوج ٹھٹھور مین ٹھیری ہی
اور وے لوگ سب کشتی والون کو مار ڈالینگے اِن لوگون سے یہ سُنکر ہمکو کیا ہی

خوشی ہوئی دھنا سنگھ نے یہ خبر سنکر معمولی درستی حواس کے ساتھ بڑا خوف ظاہر
کیا اور میری طرف کہ مین اندر کی طرف پٹی ہوئی جگہ مین لیٹا ہوا تھا کن انکھیون سے
اشارہ کر کے خوف زدہ بنکر کنارے والون سے پوچھا کہ سرکاری فوج کہان ٹہری ہے
اور دریا مین کتنی دور تک ہم با امن جا سکتے ہین ۔ لوگون نے اُسکو ٹھیک مقام
فوج بتا دیا اور تب اُسنے اُن لوگون سے کہا کہ ہم اس جگہ کو بچا جاینگے اور
اودھر والے کنارے کی طرف ہو لینگے اتنا کہکر اُسنے ملاحون سے کہا چلو
پھر ہم تیزی کے ساتھ چل نکلے اور اسطرح ایک خطرۂ عظیم سے بچ گئے
ہم اُن لوگون سے جو کنارے پر کھڑے تھے ایسے قریب تھے کہ مین نے
اور پیرون صاحب نے ایک ایک بچے کو لیکر اُنکے مُنھ اپنے ہاتھون سے بند
کر لیے تھے کہ ایسا نہو یہ بولین یا چلائین اور ہمکو ظاہر کر دین اور ہم مارے جائین
اگلے چند میل تک کوئی حادثہ پیش نہین آیا اور گیارہ بجے کے قریب ہم ٹھوبر
پہونچے اب ہم اپنے تئین مبارکباد دینے کو تھے کہ آخر کو ہم امن مین آ گئے اور
جب ہم ٹھوبر کے پاس پہونچے تو دھنا سنگھ نے وہ پردہ کہ ہمارے سامنے
لٹکا ہوا تھا اُٹھا دیا اور ہمکو بتایا کہ اب آپ اپنی عملداری مین آ گئے باہر آکر
اِدھر اُدھر دیکھیے اب ضرورت چھپنے کی نہین ہے ۔ سب سے پہلے جونس صاحب
نے چاہا کہ ٹپاؤ سے جہان رات بھر بنا پڑے رہے تھے باہر نکل کر ہوا مین جائین
جب مجکو پھلانگ کر جانے لگے تو مین نے اُنکی ٹانگ اسطرح پکڑی کہ نا خواست
ایک دھکہ بھی اُنکو لگ گیا اور اُنسے کہا کہ ٹھہر جایئے ابھی تھوڑی دیر باہر
نکلا [illegible] جلدی سے چھوڑ دیا گیا

اور کنارے پر ایک آدمی مل گیا دھنا سنگھ نے پوچھا کہ تم کون ہو اُسنے جواب دیا کہ جیتا سنگھ کے بیٹے کا سپاہی ہون ـ اور پار فتح پور چوراسی سے نانہا کے چند آدمیون کے ساتھ اس غرض سے آیا ہون کہ جب انگریزی فوج نے ٹھور پر قبضہ کیا اور نانہا صاحب بھاگے تو مجبور ہو کر کچھ اسباب پیچھے چھوڑ گئے تھے اُسی کو لینے ہم آئے ہین دھنا سنگھ نے اِس آدمی کے سوالات کے جواب ایسے تڑاق پڑاق دے کہ اُسکو مطلق شبہہ نہ کرنے دیا کہ کشتی کیسی ہے جب دھنا سنگھ نے یہ سُنا کہ ٹھور کو سرکاری فوج نے خالی کر دیا اور نانہا صاحب اور اُنکے مددگار جیتا سنگھ کے بیٹے کے لوگون نے پھر اُسپر قبضہ کر لیا تو اُسنے بہت فرحت ظاہر کی خود جیتا سنگھ جو کانپور کے انگریزون کی خون ریزی مین نانہا کا شریک تہا پندرہ دن کے قریب ہوئے ہونگے کہ زخمی ہو کر مر گیا اُسکی جگہ اُسکا بیٹا مقرر ہوا اُسی کے ساتھ نانہا صاحب اسوقت ہمسے چند میل کے فاصلے پر فتح پور چوراسی مین چھپے ہوئے تھے اِس سپاہی سے گذر کر جب کہ ہم اونچے مکانون کے پاس ہو کر جا رہے تھے کئی گولیان متواتر چلین اور ہمنے دیکھا کہ کئی سو مسلح آدمی مکانات کے اندر اور آس پاس جمع ہین لیکن ہمکو لوگون کی آواز نہین سُن پڑی اور ہم سمجھے کہ آج عاشورہ محرم ہے اور مسلمانون کا بڑا تیوہار تعزیے اُٹھائے گئے ہین شاید اسی سبب سے فیر ہوئی ہوگی فی الحقیقت یہ بڑے تعجب کی بات ہے کہ ہم کیونکر نکل بھاگے اور لوگون کی اتنی بھیڑ نے کہ سب کے سب مسلح تھے اور ہمارے دشمن جانی کے نوکر ہمکو نہ دیکھا دو مہینے صرف یہی ایک ہماری کشتی دریا مین دیکھ پڑی تھی اور خلاف عادت کسی چیز کا

نظر پڑتا بیشک لوگون کو متوجہ کرتا تو عجب نہ تھا لیکن باانیہمہ کوئی ہمارا مزاحم نہین ہوا اور نہ کسی نے ہمکو روکنے کا ارادہ کیا — اس خوفناک جگہ یعنی بٹھور سے باہر نکل جانے تک ایک گھنٹہ بڑے سخت تردد مین گذرا جب ہم بٹھور کو دو میل کے قریب پیچھے چھوڑ آئے تو دھنا سنگھ جسنے میری طرح تمام شب آنکھ نہین جھپکائی تھی آیا اور بٹی ہوئی جگہ مین لیٹ گیا اور ہمسے کہا کہ اب سب کام ٹھیک ہی ہین ذرا سو رہون تھوڑی دیر کے بعد کانپور دور سے نظر پڑا اور ہم اُسکو دیکھکر نہایت خوش ہوے چونکہ سامنے کی ہوا اسوقت بڑی زور سے چل رہی تھی اور امواج دریا اکثر کشتی کو پیچھے کی طرف ہٹاتی تھین اس سبب سے کانپور تک پہونچنے مین اتنی دیر لگی کہ ہم گھبرا اٹھے سلامتی کی امیدین جب پوری ہونے کو ہوئین ناگاہ ایسا معلوم ہوا کہ بالکل باطل ہوا چاہتی ہین کیونکہ ہوا نے ہماری کشتی کو آگے رکھ لیا اور برغم مساعی ملاحان کہ وے اب نہایت تھک کر چور ہو رہے تھے کشتی کو اودھ والے کنارے کی طرف دھکا دیکر آدھی دور سے زیادہ لیگئی اس کنارے پر دشمنون کی فوج کانپور کے مقابل پڑی تھی اُنکے ڈیرے ہمکو صاف نظر پڑنے لگے اور ہمنے اُنکی تیاری کے طنبور اور بگل بجتے سُنے — مین خیال کرتا ہون کہ اُنھون نے ہمکو یہ سمجھا کہ یہ لوگ لڑنے آتے ہین ہم تو ڈر رہے تھے کہ وہ لوگ ہمپر باڑھ مارینگے لیکن حُسنِ اتفاق سے اُنھون نے ایسا نہین کیا اور چونکہ ہوا بھی کم ہوگئی تھی بڑی مشکلون سے ہمنے پھر اپنی طرف کا کنارہ پکڑ پایا تھوڑی دیر بعد ہم سکھون کے ایک بکٹ کے پاس جا نکلے یہ پہرا

پڑانے میگزین کے پاس کھڑا تھا یہ نہایت فرحت افزا چیز تھی کہ بہت سی گھبراہٹ کے دنون اور راتون کے بعد ہماری آنکھون کو نظر پڑی چونکہ کسی طرح امکان نہ تھا کہ وے لوگ یہ خیال کرتے کہ اس کشتی مین اپنے آدمی ہونگے ہمکو روکنے اُتر آئے اور ہمپر باڑھ مارنے کے لیے اپنی بندوقون کے گھوڑے چڑھا لیے وزیر سنگھ نے اُنکو اُنھین کی بولی مین پکارا اور کہا کہ ہم فلان فلان ہین ہندوستانی عمدہ دار جو حاکم فوج تھا اور سب آدمی دوڑے آئے اور مبارکباد نجات دینے لگے اور اسطرح تہ دل سے خوش معلوم ہوتے تھے کہ گویا ہمارے ہم وطن ہین اُنھون نے ہمسے کہا کہ دریا دریا ابھی اور آگے چلے جایئے یہان تک کہ کمپو ملے جہان فوج پڑی ہی وہ جگہ اس طرح پہچان پڑیگی کہ وہان ایک دُخانی جہاز نیچے بندھا ہوا کھڑا ہی ہم اُنسے رخصت ہوکر آگے بڑھے اور آدھ گھنٹے مین فرودگاہ پر پہونچے چونکہ ہوا بہت سخت تھی اور دھار بڑے زور سے بہ رہی تھی مشکل سے ہمنے کشتی کو ایک اور کشتی کے پاس جو دُخانی جہاز کے قریب بندھی تھی جا لگایا جب کنارے پر اُترے تو دل سے شکر نکلتا تھا اور مارے خوشی کے پھولے نہین سماتے تھے یہ سمجھکر کہ اب ہم آخر کو بچ گئے اور اپنے ہم وطنون مین آ ملے۔ ٹھیک ۲۷ گھنٹے تک ہم دشمن کے علاقے مین ڈیڑھ سو میل کے قریب دریا کی راہ چلنے کے بعد دن کے دو بجے کے قریب اگست کی اکتیسوین تاریخ کشتی سے اُترے گھاٹ پر گوردن کی چھوراسی پلٹن بطور پکٹ کے تعینات تھی لوگ ہمارے آس پاس جمع ہوگئے اور ہمکو ہمارے گوشت پوست سے بھی زیادہ گرم مہری کے ساتھ ستوا تر

مبارکباد و نجات دینے لگے پروبن صاحب کی میم پر سب کے سب نہایت مہربان تھے اور اصرار کرتے تھے کہ بچون کو اور اسباب کو جہان کہین آپ کو چلنا ہو ہم لے چلین ہمنے سُنا کہ کنارے کی چڑھائی پر چند قدم کے فاصلے سے صاحب مجسٹریٹ کا خیمہ ہے مین فورًا وہان گیا اور دیکھا کہ ہمارے خواجہ تاش شر صاحب موجود هین جب مین نے اپنے تئین بتایا (کیونکہ مین تو ہندوستانی کپڑے پہنے ہوئے تھا اور وے مجکو پہچان نہ سکتے تھے) تو وے ایسے متعجب ہوئے جیسے کوئی بھوت کو دیکھ کر حیرت زدہ ہو کیونکہ بہت عرصے سے میری نسبت یہ مشہور تھا کہ فتح گڑھ مین مارے گئے اُنکے دلی مرحبا کو مین کبھی نہ بھولونگا - مین نے اُنسے کہا کہ پروبن صاحب اور اُنکے بیوی بچے بھی نیچے کشتی مین هین جاکر اُنکو لے آیئے وے جھٹ پٹ گئے جب شر صاحب باہر گئے تو میرے سر مین ایک چکر سا آگیا اور یہ معلوم ہوتا تھا کہ سب چیزین گھوم رہی هین مین اُس غشی کی حالت مین زمین پر گر پڑا تھوڑی دیر بعد شر صاحب پروبن صاحب اور اُنکے اہل و عیال کو لیکر لوٹے اُسوقت تک مجکو افاقہ ہو گیا تھا جب ہم سب خیمے مین اکٹھے ہوئے تو ہمنے شر صاحب سے پہلے یہ بات پوچھی کہ وہ لوگ جو فتح گڑھ سے بھاگے تھے اور جنکی نسبت ہم امید کرتے تھے کہ بعض بچ گئے ہونگے اُنکا کیا حال ہوا تب ہمنے یہ ٹھیک خبر سُنی کہ وے حقیقت مین سب کے سب مارے گئے کوئی نہین بچا - ہمنے کانپور کا قتل خوفناک بھی سُنا جسکی نسبت ہم افواہ واہیات سُنا کرتے تھے اور یقین نہین آتا تھا ہم یقین کرتے هین کہ فتح گڑھ کے انگریزون مین کہ اُسمین مرد اور بچے سب قسم کے بہت سے لوگ تھے صرف ہم چار آدمی اور دو بچے

زندہ بچے ہین شرر صاحب نے اپنے خیمے کے قریب دمدمے کے باہر ہمارے لیے ایک بنگلہ جو بطور سرا کے تھا درست کرا دیا جب ہم اس بنگلے مین جانے لگے تو راہ مین وہ مکان واقع ہوتا تھا جہان قتل عام کیا گیا تھا اور وہ کنوان جسمین ہمارے بہت سے عزیز دوست دفن ہین جنکو ہم چندروز ہوے اچھے خاصے صحیح سالم چھوڑ کر گئے تھے تین مہینے کے بعد جب ہمنے اپنے تئین پہلے پہل پھر ایک گھر مین دیکھا اور مقام محفوظ مین پایا تو ایک حیرت سی معلوم ہوتی تھی دمین ان شکر کا جوش تھا ہم سب نے مل کر سجدہ کیا اور خدا کی تعریف کی کہ اُسنے اس عجیب طرح پر ہمکو دشمن کے ہاتھون سے اور اُن لوگون سے جو راہ مین ہماری گھات لگائے پڑے تھے نجات دی۔

CPSIA information can be obtained at www.ICGtesting.com
Printed in the USA
BVOW09s1821060616

450931BV00014B/98/P